DRESSINGS
UND MARINADEN

DRESSINGS UND MARINADEN

Altbewährte und neuartige Rezepte

HILAIRE WALDEN

BECHTERMÜNZ VERLAG

Originaltitel:
Dressings and Marinades

Originalverlag:
Quintet Publishing Limited, London

Graphische Gestaltung:
Richard Dewing

Redaktion:
Ian Hunt, Laura Sandelson,
Gail Dixon Smith

Photograph:
David Armstrong

Ins Deutsche übertragen von:
Angelika Meiß und Helga Schenk

Deutsche Erstausgabe

Bearbeitung der deutschen Ausgabe:
Maasburg GmbH, München
Gesamtherstellung:
Fortuna Print, Bratislava
Printed in Slovakia

ISBN 3-86047-693-9

INHALTSVERZEICHNIS

EINFÜHRUNG

Dressings und Marinaden sind einfach in der Zubereitung, aber raffiniert in ihrer Wirkung: Mit beiden kann man Speisen aufregender und interessanter gestalten, ihren Eigengeschmack hervorheben oder harmonisch ergänzen, ihnen eine ganz neue Note verleihen und eine nahezu unendliche Geschmacksvielfalt erzielen.

Dressings

Der Erfolg eines Salats hängt in hohem Maße von der Salatsauce ab. Sie kann ihm einen originellen, frischen oder erlesenen Touch geben oder ihn verderben, weil sie zu fade, unpassend oder zu aufdringlich schmeckt.

Versuchen Sie, die Saucenzutaten auf die Salatzutaten abzustimmen. So paßt z. B. das Walnuß-Dressing (siehe S. 61) hervorragend zu einem Salat aus Birnen und Blauschimmelkäse, denn es bereichert ihn um eine zusätzliche Geschmacks- und Strukturkomponente. Das Basilikum-Dressing (siehe S. 43) eignet sich von Natur aus besonders für einfache Sommersalate aus in Scheiben geschnittenen, sonnengereiften Tomaten. Auch das raffinierteste Dressing darf jedoch die Salatzutaten nicht ersäufen.

Die gängigsten Salatsaucen sind die einfache französische Vinaigrette (siehe S. 18) und die Mayonnaise (siehe S. 19). In der Vergangenheit gehörte die Mayonnaise stets zu den „schwierigen" Salatsaucen, denn wenn man nicht aufpaßt, gerinnt sie leicht oder wird nicht dick. Doch dank Mixer und Küchenmaschine läßt sich hausgemachte Mayonnaise heute sehr viel einfacher und schneller herstellen (siehe S. 19).

Zu beachten ist jedoch, daß alle Zutaten Zimmertemperatur haben und das Öl nicht zu schnell zugegeben wird. Die Mindestmenge, die man im Mixer bzw. der Küchenmaschine herstellen kann, ist Mayonnaise von zwei Eigelb/300 ml Öl, da die Messer des Mixers oder der Küchenmaschine anfangs mit dem Eigelb bedeckt sein müssen. Keine Aufregung, wenn die Mayonnaise doch einmal gerinnen sollte: Ein Eigelb bei Zimmertemperatur in eine saubere Schüssel schlagen und dann langsam die geronnene Mischung unter ständigem Rühren zugeben.

Auf der Basis von Mayonnaise oder einer einfachen Vinaigrette-Mischung lassen sich eine Reihe verschiedener Salatsaucen zubereiten. Allein durch die Verwendung von verschiedenen Essig- und Ölsorten oder Fruchtsäften (z. B. Zitronen-, Limetten- und Orangensaft) sowie von unterschiedlichen Senfsorten und natürlich durch die Zugabe von Kräutern, Gewürzen, Knoblauch und Schalotten läßt sich der Charakter einer Sauce enorm variieren. So ergibt sich aus der chinesischen, indischen, thailändischen, mexikanischen, italienischen, griechischen und westlich abgewandelten orientalischen Würzpraxis eine bunte Palette von Rezepten.

Versuchen Sie, die Salatsauce etwa 30 Minuten vor Verwendung zuzubereiten, damit sich der Geschmack entfalten kann. Kräuter jedoch erst im letzten Moment zugeben, da sie leicht ihre Farbe verlieren. Vinaigretteartige Saucen kurz vor Gebrauch noch einmal kräftig durchrühren. Dünnflüssige Salatsaucen eignen sich vor allem für Blattsalate, dickflüssigere Dressings eher zum Mischen mit kräftigeren Zutaten, wie Kartoffeln oder Hühnerfleisch.

Über Blattsalate, außer Kohl, wird die Salatsauce meist unmittelbar vor dem Servieren gegossen, da sonst die Blätter zusammenfallen. Gekochte Gemüse, wie Kartoffeln, Hülsenfrüchte und gegrillte Auberginen, aber auch Nudeln werden im allgemeinen mit der Salatsauce vermischt, solange sie noch warm sind, damit sie den Saucengeschmack gut aufnehmen können. Danach abkühlen lassen. Rohe Zutaten, wie blättrig geschnittene Champignons, mariniert man auch bisweilen eine Zeitlang in der Salatsauce.

Doch Salate sind nicht die einzigen Gerichte, die sich mit Dressings verfeinern lassen. Man kann sie auch zu oder über gegrilltem, im Ofen oder auf dem Herd gebratenem Fleisch, Geflügel, Wild, Fisch und Gemüse servieren.

Marinaden

Marinaden werden vor dem Kochen benutzt, um die Zutaten schmackhafter zu machen, sie vor dem Austrocknen zu bewahren und Fleisch, Wild, Geflügel – seltener auch Fisch – zarter zu machen.

Diesem Zweck dienen in erster Linie die klassischen flüssigen Marinaden oder Beizen. Da aber heute für denselben Zweck auch Gewürzpasten und trockene Gewürzmischungen zum Einreiben verwendet werden, sind diese mit einigen Rezepten ebenfalls vertreten.

Flüssige Marinaden bestehen meist aus einer säurehaltigen Flüssigkeit, wie Wein, Essig, Joghurt oder Fruchtsaft, ein bißchen Öl und Kräutern oder Gewürzen. Die Ölmenge hängt von der weiteren Zubereitung ab. Marinaden zum Grillen enthalten normalerweise mindestens 25 Prozent Öl, während für Marinaden zum Schmoren weit weniger Öl verwendet wird.

Es gibt zwei Grundtypen von flüssigen Marinaden: ungekochte und gekochte Marinaden. Ungekochte Marinaden verwendet man für zartes oder relativ zartes Fleisch, wie Geflügel, Schweinefleisch, Fisch, aber auch für Lamm- und Rindfleischstücke zum Grillen, Braten in der Pfanne oder im Ofen, sowie für Gemüse. Die meisten der heutzutage verwendeten Marinaden sind ungekocht.

Gekochte Marinaden – meist aus Wein und anderen Zutaten – werden zum Beizen von rotem Fleisch und Wild benutzt. Vor dem Kochen die Marinade abgießen und das eingelegte Fleisch gut abtrocknen, da es sonst beim Anbraten nicht bräunt. Eine Ausnahme bildet die Joghurtmarinade. Sie wird beim anschließenden Kochen häufig mitverwendet.

Eine Gewürzpaste ist eine dickflüssige Mischung, die in einer gleichmäßig dicken Schicht über das Fleisch oder Gemüse verteilt wird, das gegrillt oder gebraten werden soll. Die Gewürzpaste dient nicht nur als Schutzschicht beim Kochen, sondern zieht beim Marinieren auch in das Gericht ein. Fleisch und Fisch erhalten dadurch nicht nur eine zusätzliche Würze, sondern werden auch zarter. Während der weiteren Zubereitung bildet die Paste oft eine knusprige Kruste mit einem köstlichen leichten Karamel- oder Räuchergeschmack.

Trockene Gewürzmischungen zum Einreiben von Fleisch, Geflügel, Wild und Fisch bestehen in der Regel aus getrockneten Kräutern und Gewürzen, die in einem Mörser oder in einer Schüssel leicht zerstoßen worden sind. Das Fleisch sollte gut abgetrocknet und dann mit Öl eingerieben werden. Anschließend die Gewürzmischung daraufgeben und einziehen lassen.

Marinaden für Fleisch, Wild, Geflügel und Fisch enthalten nie Salz, weil es den Saft entzieht.

Der zum Marinieren verwendete Behälter sollte nicht zu groß und aus Glas oder einem anderen Material sein, das mit Säuren etc. nicht reagiert. Je länger etwas in der Marinade zieht, desto stärker nimmt es ihren Geschmack an und desto wirkungsvoller ist der Zartmachereffekt. Außerdem entwickelt sich der Geschmack bei Zimmertemperatur doppelt so schnell wie im Kühlschrank. Durch Klopfen des Fleisches wird das Einziehen der Marinade beschleunigt und die Marinierzeit verkürzt. Je kleiner und je zarter das Stück ist, desto kürzer die Marinierzeit. Alle eingelegten Zutaten müssen von der Marinade vollkommen bedeckt sein und während des Marinierens mehrmals gewendet werden.

Im Kühlschrank mariniertes Fleisch bzw. eingelegter Fisch sollte vor dem Kochen, je nach Größe und Marinierzeit, in etwa 30 Minuten auf Zimmertemperatur erwärmt werden.

Zutaten für Salatsaucen

EIER – Es ist nachgewiesen worden, daß manche Eier Salmonellen enthalten. Deshalb sollten ältere Menschen, Kleinkinder, Babies und Schwangere sowie Menschen mit einem geschwächten Immunsystem keine rohen oder weich gekochten Eier essen.

KNOBLAUCH – Knoblauch wird in Salatsaucen und Marinaden fast immer roh verwendet, deshalb ist es wirklich wichtig, frische, feste Zehen zu verwenden – möglichst solche, aus denen noch keine grünen Triebe herauswachsen. Falls doch, alle grünen Teile entfernen, da sie bitter schmecken.

Kaufen Sie Knoblauch, der sich fest anfühlt und dessen papierartige Häutchen silbrig schimmern, noch fest an den Zehen haften und beim Anfassen nicht abfallen. Knoblauch an einem kühlen, dunklen, luftigen Ort aufbewahren.

Die Intensität des Knoblauchgeschmacks hängt von der Zubereitung ab. Für Salatsaucen zerdrückt man die Zehen am besten mit einer Prise Salz, nicht nur weil zerhackter Knoblauch schärfer schmeckt, sondern auch weil viele Leute nicht gerne auf rohe Knoblauchstückchen beißen.

Eine andere Methode, eine Salatsauce mit feinem Knoblauchgeschmack herzustellen, ist das Dämpfen von Knoblauch im Backofen (siehe S. 70).

Salatsaucen mit einem Hauch von Knoblauch erhält man, wenn man die Salatschüssel mit einer durchgeschnittenen Knoblauchzehe ausreibt.

KRÄUTER – Für alle Rezepte in diesem Buch werden frische Kräuter verwendet, außer wenn ausdrücklich getrocknete Kräuter angegeben sind, wie bei den Gewürzmischungen. Außer zum Einreiben mit diesen Gewürzmischungen sollten grundsätzlich nur frische Kräuter verwendet werden. Sollten Sie die frischen Kräuter, die Sie brauchen, nicht im Garten, als Topfpflanze in einem Blumenkasten am Fenster oder auf dem Fensterbrett zur Hand haben und auch sonst keine frischen Kräuter auftreiben können, kaufen Sie am besten tiefgefrorene oder gefriergetrocknete Kräuter, die die meisten Supermärkte heutzutage in ihrem Sortiment haben. Viele Supermärkte und Gemüsehändler bieten inzwischen auch frische Kräuter im Topf an. Bewahren Sie frische Kräuter in Frischhaltebeuteln im Kühlschrank auf.

Der Geschmack von frischen Kräutern kann stark variieren. Es ist deshalb wichtig, jedesmal zu kosten, um die Menge entsprechend zu dosieren.

ÖL – Öl stellt die Grundlage der meisten Salatsaucen sowie eine wichtige Zutat für Marinaden dar, weil es den Geschmack der eingelegten Lebensmittel verstärkt, sie in Fett hüllt und beim Kochen nicht austrocknen läßt (siehe S. 10/11).

PFEFFER – Das gängigste Gewürz für Salatsaucen – neben Salz – ist Pfeffer. Meist wird schwarzer Pfeffer benutzt, während weißer Pfeffer vor allem für Salate verwendet wird, in denen die dunklen Körnchen des schwarzen Pfeffers das Erscheinungsbild eines Gerichts stören würden.

Den besten Geschmack für Ihre Salatsaucen geben frisch gemahlene Pfefferkörner ab. Gemahlener Pfeffer ist zu fein und pulverig sowie weniger pikant als frisch gemahlener Pfeffer.

SALZ – Viele erfahrene Köche verwenden lieber Meersalz oder andere grobe Salzsorten, weil sie der Meinung sind, daß sie besser schmecken als normales Tafelsalz. Doch ein kürzlich durchgeführter Geschmackstest verschiedener Salzsorten in England hat ergeben, daß das am höchsten bewertete Salz ganz normales Tafelsalz war!

SOJASAUCE – Sojasauce wird heute nicht mehr ausschließlich für chinesische und japanische Gerichte, sondern auch für andere Rezepte benutzt. Sie vertieft den Geschmack und verleiht ihm eine charakteristische Note.

Helle Sojasauce – Sie ist hell in der Farbe, hat jedoch ein volles Aroma und schmeckt salziger als dunkle Sojasauce. In chinesischen Lebensmittelläden wird helle Sojasauce unter der Bezeichnung „Superior Soy" verkauft und im allgemeinen zum Kochen verwendet. Das Wort „hell" erscheint nicht immer auf dem Etikett.

Dunkle Sojasauce – Diese Sojasauce ist länger gereift als die helle und deshalb dunkler, geschmacklich etwas intensiver und auch etwas dickflüssiger. Sie wird in chinesischen Lebensmittelläden unter der Bezeichnung „Soy Superior Sauce" angeboten und ist die gängigste Sojasauce. Sie wird vorwiegend für Dips verwendet.

GEWÜRZE – Um das volle Aroma von Gewürzen zu erhalten, sollten Sie frisch gemahlene Gewürze anstatt der bereits fertig gemahlenen verwenden. Ein Trick, um ein Höchstmaß an Aroma aus den ganzen Gewürzen herauszuholen, besteht im vorsichtigen Erhitzen in einer angewärmten, schweren, möglichst gußeisernen Pfanne, bis sie einen angenehmen Duft verbreiten.

Da das Aroma von Gewürzen mit der Zeit verfliegt, immer nur kleine Mengen kaufen, die Sie schnell aufbrauchen können. Werfen Sie Gewürze, die Sie schon länger als 6 Monate haben, weg. Bewahren Sie Gewürze an einem kühlen, dunklen, trockenen Ort auf.

ANISPFEFFER (SZECHUAN-PFEFFER) – Diese Körner sind rötlichbraun und haben eine scharfes, feinwürziges Aroma mit einem Hauch Lavendelgeschmack. Sie gehören nicht derselben Familie wie weißer, schwarzer und grüner Pfeffer an und besitzen eine andere Art von „Schärfe". Zur Entfaltung ihres vollen Aromas werden sie vor dem Würzen trocken geröstet und frisch gemahlen.

ESSIG – Nach Öl ist Essig die zweitwichtigste Zutat für Salatsaucen und Marinaden. Beiden verleiht er pikante Würze. In Salatsaucen spielt er eine wichtige Rolle, weil er mit dem Öl eine Emulsion bildet und die Sauce dadurch eindickt, während er in Marinaden als Zartmacher von Fleisch, Geflügel, Wild und Fisch wirkt (siehe S. 13-15).

Öl

Mit Kräutern und Gewürzen aromatisierte Öle eignen sich besonders dazu, den Geschmack einer Sauce im Handumdrehen abzuwandeln. Öl immer an einem kühlen, dunklen Ort aufbewahren! Öle, die mild im Geschmack sind, halten sich 6-9 Monate frisch; Oliven-, Nuß- und Sesamöle sollten im Laufe von 4-6 Monaten aufgebraucht werden. Je besser die Qualität des Olivenöls, desto schneller sollte es verwendet werden.

Olivenöl – Nach Qualität, Reinheit, Geschmacksintensität und Preis lassen sich in absteigender Ordnung folgende Sorten unterscheiden:

NATIVES OLIVENÖL EXTRA – Olivenöl aus erster Pressung. Es hat den niedrigsten Säuregehalt und den abgerundetsten Geschmack. Marken-Olivenöle der ersten Pressung werden mit anderen Ölen vermischt, damit der Geschmack immer gleich bleibt. Die Olivenöle der ersten Pressung direkt von Ölmühlen, Dorfgenossenschaften usw. behalten ihren Eigencharakter bei, da sie nicht vermischt werden, und können wie Wein von Jahr zu Jahr im Geschmack stark variieren. Diese Öle eignen sich hervorragend für Salate und Marinaden, bei denen ein volles Olivenaroma erwünscht ist, oder für alle Rezepte mit kleiner Menge Öl.

NATIVES OLIVENÖL – Das Produkt der zweiten Pressung der Oliven. Es wird für alle Salatsaucen, bei denen ein weniger starker, aber immer noch erkennbarer Olivengeschmack durchkommen soll, und häufig zum Kochen verwendet.

OLIVENÖL – oder REINES OLIVENÖL – ist eine Mischung aus Olivenöl der zweiten Pressung und raffinierten Olivenölen, die durch chemische Extraktion erzeugt werden. Es wird für Salatsaucen und Marinaden benutzt, bei denen der Ölgeschmack kaum wahrnehmbar sein soll.

Innerhalb jeder dieser Kategorien gibt es riesige Geschmacksunterschiede. Je nach Land, Anbaugebiet und Hersteller reicht die Palette von delikatem, leichtem, grasartig schmeckendem bis zu vollem, schwerem und fruchtigem Olivenöl. Spanisches Olivenöl ist meist leichter als italienisches, griechisches sogar noch schwerer, da man die Oliven dort erst voll ausgereift pflückt.

Die Farbe gibt keinen Aufschluß über die Qualität, doch ein Öl von tiefer dunkelgrüner Farbe deutet auf ein intensives Aroma hin.

Distelöl – Ein helles, neutrales Öl, reich an ungesättigten Fettsäuren, von denen angenommen wird, daß sie Cholesterin abbauen. Es eignet sich gut zum Kochen und für milde Salatsaucen.

Erdnußöl – Leichtes, angenehmes, mildes Öl, unaufdringlich im Geschmack und universell verwendbar. In Salatsaucen und Marinaden wird es vor allem dann verwendet, wenn das Aroma besonders feiner Zutaten noch wahrnehmbar sein soll. Erdnußöl aus asiatischen Lebensmittelgeschäften schmeckt stärker nach Erdnüssen und ist teurer.

Maiskeimöl – Beliebtes, geschmacksneutrales Speiseöl; reich an ungesättigten Fettsäuren. Als Allzwecköl dank seines milden Geschmacks vielseitig verwendbar.

Pflanzenöl – Mischung aus Ölen verschiedener Pflanzengattungen, wie etwa Sojaöl, Rapsöl, Palmöl und Kokosnußöl (Angaben auf dem jeweiligen Etikett). Es wird vorwiegend zum Kochen verwendet.

Sesamöl – Dickflüssiges, kräftiges, goldbraunes Öl aus Sesamsamen mit einem ausgeprägten Nußaroma. Sesamöl aus gerösteten Sesamsamen ist dunkler, noch kräftiger und nussiger im Geschmack. Es wird meist nur in kleinen Mengen, vermischt mit anderen, milderen Ölen verwendet.

Sonnenblumenöl – Leichter als Maiskeimöl und mild im Geschmack; reich an mehrfach ungesättigten Fettsäuren und für viele Zwecke verwendbar.

Traubenkernöl – Helles Öl mit mildem, nussigem Geschmack. Eignet sich gut für Salatsaucen.

Walnuß- und Haselnußöle – Die Nußöle haben einen vollen, kräftigen Geschmack und ein ausgeprägtes Aroma. Sie werden am besten in einer Mischung mit Olivenöl oder einem milden Öl verwendet. Nußöle schmecken besonders köstlich mit bitteren grünen Blattsalaten und Pilzen. Da sie jedoch schneller ranzig werden als andere Öle, ist es ratsam, immer nur kleine Mengen zu kaufen, und noch wichtiger, sie an einem kühlen, dunklen Ort aufzubewahren.

Aromatisiertes Öl

Mit Kräutern und Gewürzen aromatisierte Öle sind in der mediterranen, indischen, chinesischen und asiatischen Küche schon seit langem in Gebrauch. Man verwendet am besten die im Handel erhältlichen, kommerziell hergestellten Kräuter- und Gewürzöle, da beim Selberansetzen zu Hause, besonders bei den Ölen mit Knoblauch und Zwiebeln, nicht auszuschließen ist, daß es zu Botulismus (bakterieller Lebensmittelvergiftung) kommt. Kommerziell hergestellte und mit geeigneten Konservierungsstoffen versetzte Kräuter- und Gewürzöle können hingegen als vollkommen sicher betrachtet werden – und sind darüber hinaus einfach köstlich. Nach dem Öffnen sollten sie im Kühlschrank aufbewahrt werden.

Ein aromatisiertes Öl aus dem Laden kann einer Vinaigrette eine ganz neue Note verleihen. Oder Sie können einfach Ihr Brot in Kräuteröl stippen als phantasievolle Alternative zu Butter. Kräuter- und Gewürzöle stellen die perfekte Ergänzung zu Nudeln, Pizza oder Bruschetta (gerösteten Brotscheiben) dar. Sie lassen sich über im Ofen gebackene Kartoffeln träufeln oder zu einem Kartoffelbrei mit leichtem Knoblauchtouch verarbeiten. Man kann auch frische Artischockenherzen kurz darin anbraten oder ein paar Tropfen über gedünsteten Lachs, gegrillte Auberginen, gebratene Paprika oder anderes Gemüse träufeln. Ein Schuß Kräuter- oder Gewürzöl bringt Schwung in fettarme oder fettfreie Mayonnaise.

Essig

Cidre-Essig (Apfelessig) – Ein milder, leicht süßlicher Essig mit Apfelaroma.

Balsamessig – Spezieller italienischer Rotweinessig, der einige Jahre in Fässern gereift ist. Je länger die Lagerung im Faß, desto dunkler ist die Farbe, desto intensiver der süß-würzige Geschmack und desto höher der Preis. Von dem älteren Essig genügen für Salatsaucen schon wenige Tropfen. Von dem – billigeren – jüngeren Balsamessig, der jedoch auch noch einiges kostet, braucht man ein bißchen mehr.

Branntweinessig (weißer) – Zu stark und dominant im Geschmack für Salatsaucen und Marinaden.

Aromatisierter Essig – wie z. B. Estragonessig, Himbeeressig oder Essig, in den Knoblauch und Chillies eingelegt wurden – gibt einer Salatsauce sofort einen anderen Geschmack. Kräuter- und Gewürzessig kann ganz einfach auch zu Hause angesetzt werden (siehe S. 14 und 15).

Malzessig – Dieser braune Essig ist wie Branntweinessig für Salatsaucen und Marinaden ungeeignet.

Reisessig – Von diesem aus Reis hergestellten Essig gibt es im wesentlichen zwei Sorten:

WEISSER REISESSIG – Ein durchsichtiger Essig, delikat im Geschmack, der an einen Hauch von klebrigem Reis erinnert. Er hat einen niedrigen Säuregehalt, ist mild und muß deshalb in größeren Mengen als z. B. Weißweinessig verwendet werden, wenn es pikant schmecken soll.

SCHWARZER REISESSIG – Ein tintenartiger schwarzer chinesischer Reisessig mit kräftigem, würzigem Geruch. Japanischer Reisessig hat im Vergleich zum chinesischen, der schärfer ist, einen weicheren, dezenteren, fast süßlichen Geschmack.

Sherryessig – Wird aus Trauben gewonnen, die vorwiegend zur Sherryherstellung verwendet werden, und in alten Sherryfässern gelagert, die ihm sein einzigartiges kräftiges, süßliches, sherryähnliches Aroma verleihen. Wie Balsamessig sollte der Sherryessig eher als Würz- denn als Säuerungsmittel verwendet werden.

Weinessig – Die Qualität von Weinessig schwankt beträchtlich, aber der Preis ist im allgemeinen ein guter Anhaltspunkt für die Qualität. Die Orleans-Weinessige sind die besten, aber nur noch eine Firma, Martin Pouret, stellt sie her. Rotweinessig ist stärker im Geschmack als Weißweinessig derselben Marke.

Aromatisierter Essig

Kräuteressig

Viele Küchenkräuter, wie Estragon, Rosmarin, Thymian, Majoran, Petersilie, Basilikum, Lorbeer, Fenchel, Dill und Salbei, eignen sich - einzeln oder gemischt - zum Aromatisieren von Essig. Pflücken Sie die Kräuter möglichst frisch am Morgen eines trockenen Tages, nachdem der Tau abgetrocknet ist und bevor die Sonne zu heiß ist. Wählen Sie sich Zweiglein aus, an denen sich noch keine Blüten gebildet haben.

ZUBEREITUNG

Die Kräuter leicht zerdrücken, damit ihr Aroma zur vollen Entfaltung kommt, und dann so viel davon in ein Schraubglas (oder eine Flasche) geben, bis dieses halb voll ist. Mit Weiß- oder Rotweinessig auffüllen und anschließend mit einem säurebeständigen Verschluß oder Deckel verschließen. Die Flasche oder das Schraubglas schütteln, an einem kühlen, dunklen Ort 2-3 Wochen stehenlassen und jeden Tag leicht schütteln.

Danach den Essig durch ein Sieb abgießen und die Kräuter dabei gut ausdrücken. Probieren Sie, ob der Kräutergeschmack schon stark genug ist. Wenn nicht, den ganzen Vorgang wiederholen. In den fertigen Essig kann nach Belieben ein frisches Kräuterzweiglein eingelegt werden.

Knoblauchessig

ERGIBT ETWA 700 ML

ZUTATEN

12 dicke Knoblauchzehen 700 ml Weißweinessig	Knoblauchzehen als Dekoration (nach Belieben)

ZUBEREITUNG

Knoblauchzehen leicht zerdrücken. In eine Flasche oder ein Schraubglas geben, den Essig darübergießen. Glas verschließen, schütteln und an einem kühlen, dunklen Ort 2-3 Wochen stehenlassen.

Wenn der Geschmack des Essigs intensiv genug ist, abgießen und auf eine neue Flasche ziehen. Nach Belieben 2-3 Knoblauchzehen auf ein Holzspießchen aufspießen und pro Flasche zugeben.

Essig mit Kräutern der Provence

ERGIBT ETWA 700 ML

ZUTATEN

3 große Estragonzweiglein 3 große Thymianzweiglein 3 Zweiglein Rosmarin	4 Lorbeerblätter Ein paar Fenchelsamen 700 ml Weißweinessig

ZUBEREITUNG

Die Kräuter leicht zerdrückt in ein Schraubglas oder eine Flasche geben und Weißweinessig zugießen. Glas luftdicht verschließen, schütteln, 2-3 Wochen an einem kühlen, dunklen Ort stehenlassen und täglich schütteln. Danach den Essig abgießen und die Kräuter gut ausdrücken. Probieren, ob das Kräuteraroma schon stark genug ist, ansonsten den ganzen Vorgang wiederholen. In den fertigen Essig eventuell ein frisches Kräuterzweiglein einlegen.

Obstessig

ERGIBT ETWA 450 ML

In den letzten Jahren sah es so aus, als würden alle möglichen Sorten von Obstessig in den Rezepten auftauchen, egal ob sie das Gericht wirklich verfeinerten oder nicht. Inzwischen haben Mäßigung und gesunder Menschenverstand wieder die Oberhand gewonnen. Verwenden Sie diesen intensiv aromatisierten Essig dazu, Saucen zu kräftigem Fleisch, wie Ente oder Wild, oder einem Salat, der Obst enthält, eine fruchtige Note zu verleihen.

ZUTATEN

450 g Obst, z. B. Beerenobst wie Himbeeren, Erdbeeren oder schwarze Johannisbeeren	450 ml Weißweinessig 50 g Zucker

ZUBEREITUNG

Das Obst in eine Schüssel (nicht aus Metall) oder ein Glas geben, ein wenig Essig zugießen und das Obst mit dem Rücken eines Holzlöffels leicht zerdrücken, damit der Saft austreten kann. Mit dem restlichen Essig übergießen, zudecken und 1 Woche lang kühl stellen. Gelegentlich umrühren.

Den Essig durch ein Sieb in eine Kasserolle abgießen, den Zucker hinzufügen und unter ständigem Rühren erwärmen, bis sich der Zucker aufgelöst hat. Aufkochen und anschließend abkühlen lassen. Den Essig auf eine saubere Flasche ziehen, verschließen und an einem kühlen, dunklen Ort lagern.

Orangenessig

ERGIBT ETWA 1 L

ZUTATEN

3 große unbehandelte Orangen 1 l Weißweinessig	1 kleine unbehandelte Orange

ZUBEREITUNG

Die 3 großen Orangen dünn abschälen. Aufpassen, daß nur die Schale und nichts von der weißen Haut darunter mitkommt. Die Schale in ein großes, sauberes Schraubglas geben. Mit dem Essig übergießen. Orangen halbieren, den Saft auspressen und hinzugeben. Schraubglas verschließen und schütteln. Drei Wochen an einen kühlen, dunklen Ort stellen und gelegentlich schütteln. Dann den Essig durch ein Sieb abgießen und in eine neue Flasche füllen. Kleine Orange dünn abschälen und darauf achten, daß keine weiße Haut dabei ist. Die Schale in feine Streifen schneiden und 3 Streifchen pro Flasche zugeben.

1

KLASSISCHE DRESSINGS

Manche Salatsaucen, wie die französische Vinaigrette und Mayonnaise, gehören zu den Klassikern unter den Saucen und können für eine Vielzahl von verschiedenen Salaten verwendet werden, während andere, wie das Caesar-Dressing oder die Thunfisch-Mayonnaise, meist zu ganz bestimmten Salaten gereicht werden. Das heißt natürlich nicht, daß sie nicht auch mit anderen Salatzutaten kombiniert werden können. Thunfisch-Mayonnaise, die traditionell zu *Vitello tonnato* (feine kalte Scheibchen von gekochtem Kalbfleisch) gehört, paßt auch ausgezeichnet zu gekochten Eiern, Hähnchen und knackigen grünen Blattsalaten.

Vinaigrette (oder French Dressing)

ERGIBT 5 EL

Die klassische französische Vinaigrette, auch French Dressing genannt, ist eine einfache Mischung aus Essig, Öl und Gewürzen, die zusammengerührt werden, bis das Öl mit dem Essig eine Emulsion bildet und die Sauce dick wird. Das normale Verhältnis von Öl zu Essig ist etwa 3-4:1, aber das kann je nach Säuregrad des Essigs, Zusammensetzung des Salats oder je nachdem, wie scharf Sie die Sauce haben wollen, auch verändert werden. Der für die Vinaigrette verwendete Senf, meist Dijon-Senf, ist ein optimales Würzmittel, von dem etwa ½ Teelöffel auf 3-4 Teile Öl und 1 Teil Essig zugegeben wird. Darüber hinaus trägt der Senf dazu bei, daß die Sauce gut bindet und eindickt. Nehmen Sie das Öl, das Ihnen am liebsten ist. Die Grundsalatsauce, ohne den Knoblauch, den Sie wahlweise hinzufügen können, hält sich in einem Schraubglas etwa 1 Monat im Kühlschrank.

Vinaigrette kann zu unendlich vielen verschiedenen Salatzutaten gereicht werden.

ZUTATEN

3-4 EL Öl

½ TL *Dijon*-Senf (oder anderer scharfer oder mittelscharfer Senf)

1 EL Weißweinessig

Salz und frisch gemahlener schwarzer Pfeffer

ZUBEREITUNG

Alle Zutaten in eine Schüssel geben und so lange mit einem Schneebesen oder einer Gabel verrühren, bis sie sich zu einer dickflüssigen Emulsion verbunden haben.

Mayonnaise

ERGIBT ETWA 350 ML

ZUTATEN

2 Eigelbe (siehe S. 8)

etwa 1 TL *Dijon*-Senf

2 EL Weißweinessig oder Zitronensaft

300 ml Öl

Salz und frisch gemahlener weißer oder schwarzer Pfeffer

Der Trick für den Erfolg bei der Mayonnaise-Zubereitung besteht darin, daß alle Zutaten Zimmertemperatur haben und das Öl, besonders am Anfang, nur sehr langsam und unter ständigem Rühren dazugegeben wird.

Es ist Geschmackssache, ob Sie lieber nur Olivenöl oder halb Olivenöl, halb normales Öl, wie etwa Sonnenblumenöl, oder nur ein neutraleres Öl benutzen wollen. Eine besondere Note erhält die Mayonnaise auch durch Zugabe von etwas Nußöl. Ob Sie lieber Weinessig oder Zitronensaft verwenden, ist ebenfalls eine Frage des individuellen Geschmacks, hängt aber auch davon ab, zu welchem Gericht sie gereicht werden soll. Hausgemachte Mayonnaise kann in einem verschlossenen Behälter bis zu 3 Tagen im Kühlschrank aufbewahrt werden.

ZUBEREITUNG

Die Eigelbe in eine Schüssel geben und mit der Hälfte des Essigs oder des Zitronensafts und dem Senf verrühren.

Unter ständigem Rühren mit dem Schneebesen tröpfchenweise das Öl zugeben. Nachdem etwa die Hälfte des Öls eingerührt wurde, kann der Rest etwas schneller zugegeben werden. Dabei ständig weiterrühren, bis alles Öl zu einer Emulsion verarbeitet wurde und die Sauce dick und glänzend ist.

Nun den restlichen Essig oder Zitronensaft einrühren und nach Belieben würzen. Je nach Geschmack kann auch noch etwas Senf zugegeben werden.

Mayonnaise aus dem Mixer

Eigelbe, Senf, Gewürze und die Hälfte des Essigs oder des Zitronensafts in einen Mixer oder eine Küchenmaschine geben und auf niedriger Schaltstufe kurz mixen, bis alles gut vermengt ist. Bei laufendem Motor langsam das Öl in einem dünnen, gleichmäßigen Strahl zugießen, bis eine dicke, sämige Sauce entsteht. Anschließend den restlichen Essig oder Zitronensaft zugeben.

TIP: Beim Herstellen von Mayonnaise im Mixer oder mit der Küchenmaschine kann anstelle der beiden Eigelbe ein ganzes Ei verwendet werden. Dadurch wird die Mayonnaise etwas leichter.

Caesar-Dressing

ERGIBT ETWA 225 ML

Das Caesar-Dressing gehört heute zu den klassischen Salatsaucen Amerikas, wurde jedoch ursprünglich in Tijuana, Mexiko, von Caesar Cardini erfunden. Während der Prohibition strömten die Amerikaner auf der Suche nach Hochprozentigem über die Grenze in sein Restaurant, weil Alkohol zu Hause nicht aufzutreiben war. Der Salat wurde später von dem New Yorker Restaurant „Chasens" populär gemacht und ist heute in den USA überall beliebt.

ZUTATEN

3 Knoblauchzehen	Etwa 6 EL feines Olivenöl
2 Eigelbe (siehe S. 8)	50 g frisch geriebener Parmesankäse
1 TL Worcestershire-Sauce	Salz und frisch gemahlener schwarzer Pfeffer
1 EL Zitronensaft	

ZUBEREITUNG

Den Knoblauch mit einer Prise Salz in einer Schüssel mit dem Ende der Teigrolle zerdrücken. Eigelbe, Worcestershire-Sauce und Zitronensaft zugeben und alles gut vermengen.

Unter ständigem Rühren mit dem Schneebesen oder der Gabel langsam das Öl einrühren, bis eine dicke, gebundene Sauce entsteht. Den Käse unterheben und nach Belieben würzen und abschmecken.

Gekochte Salatsauce

ERGIBT ETWA 375 ML

Diese altmodische Salatsauce eignet sich vor allem für diejenigen, die kein Öl mögen. Sie paßt gut zu geraspeltem Sellerie, Kraut, grünem Blattsalat, Gemüsesalaten sowie zu Eiern.

ZUTATEN

20 g Mehl	175 ml Milch
1 TL trockenes Senfpulver	2 EL zerlassene Butter
15 g Zucker	4 EL Weißweinessig
1 Prise Cayenne-Pfeffer	Salz und frisch gemahlener schwarzer Pfeffer
2 Eigelbe	

ZUBEREITUNG

In einem Topf Mehl, Senfpulver, Zucker und Cayenne-Pfeffer vermischen. Milch, Eigelbe, Butter und Essig einrühren, bis alles schön gleichmäßig vermischt ist, und dann bei ganz geringer Hitze unter ständigem Rühren mit dem Schneebesen erhitzen, bis die Sauce eindickt und glatt wird.

Nach Belieben abschmecken und abkühlen lassen. Nur gelegentlich umrühren, damit sich keine Haut auf der Sauce bildet.

Oben *Caesar-Dressing*

Remouladensauce

ERGIBT ETWA 450 ML

Dieses Rezept für die klassische Remouladensauce mit ihrem kräftigen Geschmack bringt Schwung in Gerichte mit kaltem Fleisch, Eiern, Fisch und gedünstetem Gemüse und verwandelt sie in leckere Salate. Als Alternative können Sie Sellerie, Senf und Zitronensaft untermischen. So entsteht eine köstliche Sellerie-Remoulade.

ZUTATEN

350 ml Mayonnaise, fertig oder hausgemacht (siehe S. 19)

2 TL *Dijon*-Senf

3 EL kleingehackte Essiggurken oder Cornichons

3 EL kleingehackte Kapern

3 EL gehackte Petersilie

1 EL gehackter Estragon

4 kleingehackte Sardellenfilets

ZUBEREITUNG

Die Mayonnaise in eine Schüssel geben und mit den restlichen Zutaten vermischen.

Roquefort-Dressing

ERGIBT ETWA 350 ML

Manche Leute mischen diesem beliebten „Klassiker" unter den Salatsaucen einen Teil Mayonnaise bei. Hier eine leichtere Variante, die trotzdem cremig schmeckt. Je besser der Blauschimmelkäse, desto besser das Dressing. Traditionell wird Roquefort verwendet, aber auch Gorgonzola und Stilton eignen sich ausgezeichnet. Hingegen scheint dänischer und deutscher Schimmelkäse zu stark im Geschmack. Roquefort-Dressing paßt zu vielen Gerichten, von grünen Blattsalaten bis zu Kartoffeln in der Schale.

ZUTATEN

75 g zerkrümelter Roquefort

1 fein zerdrückte Knoblauchzehe (nach Belieben)

225 ml saure Sahne oder griechischer Joghurt

etwa 1 EL Weißweinessig

etwa 2 EL fein gewiegte Petersilie oder 1 EL fein geschnittener Schnittlauch (nach Belieben)

frisch gemahlener schwarzer Pfeffer

ZUBEREITUNG

Mit einer Gabel den Käse mit dem Knoblauch vermischen (falls Knoblauch gewünscht). Saure Sahne oder Joghurt, Weißweinessig und nach Belieben die fein gehackten Kräuter zugeben. Mit dem schwarzen Pfeffer abschmecken. Da der Käse ziemlich salzig ist, ist normalerweise kein weiteres Salz erforderlich.

Zugedeckt möglichst mehrere Stunden lang an einem kühlen Ort (nicht im Kühlschrank!) stehenlassen. Vor dem Servieren noch einmal durchrühren.

Grüne-Göttin-Dressing

ERGIBT ETWA 425 ML

Dieses Dressing hat seinen Namen von einem Theaterstück, bei dem der englische Schauspieler George Arliss eine Hauptrolle spielte. Erfunden wurde das Dressing im Palace-Hotel von San Francisco (das dem Erdbeben und Brand von 1906 zum Opfer fiel). Wird heute, im Gegensatz zum Originalrezept, meist mit saurer Sahne zubereitet. Paßt gut zu Fisch-, Muschel- oder Gemüsesalat.

ZUTATEN

225 ml Mayonnaise, fertig oder hausgemacht (siehe S. 19)

115 ml saure Sahne

1 fein gehackte Knoblauchzehe

3 fein gehackte Sardellenfilets

4 El fein gewiegte Petersilie

4 EL fein geschnittener Schnittlauch

1 EL Zitronensaft

1 EL Estragonessig

Salz und frisch gemahlener schwarzer Pfeffer

ZUBEREITUNG

Alle Zutaten in eine Schüssel geben und vermischen.

Thousand-Island-Dressing

ERGIBT ETWA 350 ML

Die Inseln, auf die sich dieses klassische amerikanische Dressing bezieht, befinden sich im St.-Lorenz-Strom an der amerikanisch-kanadischen Grenze. Das Originalrezept aus dem 19. Jahrhundert enthielt keine Mayonnaise, sondern war einfach eine Vinaigrette, deren rosa Farbe von pürierten Paprikaschoten oder Tomaten herrührte. Zu knackigem grünem Salat, Eier-, Kartoffel- oder Krabbensalat servieren.

ZUTATEN

225 ml Mayonnaise, fertig oder hausgemacht (siehe S. 19)

2 EL fein gehackte gefüllte Oliven

1 EL fein gehackter grüner Paprika

1 EL fein gehackte Zwiebeln oder Schnittlauch

1 EL gehackte Petersilie

1 fein gehacktes hartgekochtes Ei

ein paar Tropfen Tabasco-Sauce

Salz und frisch gemahlener schwarzer Pfeffer

ZUBEREITUNG

Die Mayonnaise in eine Schüssel geben und alle übrigen Zutaten unterrühren.

Sauce Vierge
(Sauce mit Tomaten und Olivenöl)

ERGIBT ETWA 350 ML

Für diese Sauce sollten sonnengereifte Tomaten mit vollem Aroma und ein Ölivenöl von bester Qualität verwendet werden. Der Topf mit heißem Wasser, über dem man die Sauce 30 Minuten lang durchziehen läßt, braucht nicht mehr erwärmt werden. Die Sauce paßt gut zu Salaten und kann auch zu gegrilltem Fisch oder kaltem Huhn, Truthahn oder Fisch gereicht werden.

RECHTS *Thousand-Island-Dressing*

ZUTATEN

4 vollreife Tomaten, enthäutet und entkernt

2 kleine ungeschälte Knoblauchzehen

200 ml natives Olivenöl extra

2 EL Basilikum oder Kerbel, gehackt

2 EL gehackte Petersilie

1 EL gehackter Estragon oder Thymian

8 Koriandersamen, geröstet und zerstoßen

Salz und frisch gemahlener schwarzer Pfeffer

ZUBEREITUNG

Die Tomaten in 5 mm große Würfel schneiden und in eine Schüssel geben. Die restlichen Zutaten untermischen.

Die Schüssel auf einen Topf mit heißem Wasser stellen, zudecken und 30 Minuten ruhen lassen. Vom Topf nehmen und abkühlen lassen.

Krautsalat-Dressing

ERGIBT ETWA 325 ML

Kümmel, der klassische Begleiter von Kohlgerichten, verleiht diesem sahnigen Dressing für den zeitlos beliebten rohen Krautsalat die besondere Note.

ZUTATEN

115 ml saure Sahne

115 ml Mayonnaise, fertig oder hausgemacht (siehe S. 19)

75 ml Apfelessig

1 TL Senfpulver

2 TL Kümmel

eine Prise Kristallzucker

Salz und frisch gemahlener schwarzer Pfeffer

ZUBEREITUNG

Saure Sahne, Mayonnaise, Essig, Senfpulver und Kümmel in eine Schüssel geben. Mit Schneebesen oder Gabel gut verrühren, bis alles gleichmäßig vermischt ist. Zucker zugeben und abschmecken.

Salad Cream

ERGIBT ETWA 250 ML

Diese traditionelle gekochte englische Salatsauce mit Sahne paßt gut zu Kartoffelsalat oder anderen Gemüsesalaten, Eiersalat, sowie zu Fisch oder kaltem Huhn. Von den hartgekochten Eiern werden nur die Dotter verwendet, das Eiweiß kann gehackt in anderen Salaten oder Sandwiches Verwendung finden.

Die Salatsauce sollte etwa 2-2½ Stunden im voraus zubereitet werden, damit sie im Kühlschrank ihre typische dicke, cremige Konsistenz annehmen kann.

ZUTATEN

3 Eier
1 EL Wasser
150 ml Crème double (extrafette Sahne)
4 TL Weißweinessig
Cayennepfeffer
Salz

ZUBEREITUNG

Die Eier in einen Topf geben und mit kaltem Wasser bedecken. Zum Kochen bringen und 9 Minuten kochen lassen. Anschließend das Wasser abgießen und die Eier unter fließendem kaltem Wasser abschrecken.

Eier schälen und das Eiweiß entfernen. Eigelb und Wasser in eine Schüssel geben und mit einem Holzlöffel glattrühren. Langsam die Sahne zugeben. Nach jedem Schuß Sahne gut verrühren. Dann Essig hinzufügen und mit Cayennepfeffer und Salz abschmecken. Zudecken und 2-2½ Stunden in den Kühlschrank stellen, bis die Sauce dick geworden ist.

Sauce Louise

ERGIBT ETWA 400 ML

Diese würzig-frische zitronige Sauce paßt besonders gut zu gefüllten Artischocken, Krabben, Scampi und Krebsfleisch.

ZUTATEN

225 ml Mayonnaise, fertig oder hausgemacht (siehe S. 19)
50 ml Crème double (extrafette Sahne)
2 EL Zitronensaft
1 TL Worcestershire-Sauce
4 EL gehackte Frühlingszwiebeln
4 EL gehackter grüne Paprika
ein paar Tropfen Tabasco-Sauce

ZUBEREITUNG

Die Mayonnaise in eine Schüssel geben. Sahne und Zitronensaft unterrühren und dann mit den restlichen Zutaten vermischen.

Oben *Russische Sauce*

Russische Sauce

ERGIBT ETWA 450 ML

Das Originalrezept der Russischen Sauce sah Kaviar vor, daher auch der Name. Paßt gut zu grünen Salaten, Gemüse, Eiern, Muscheln oder kaltem Fleisch.

ZUTATEN

350 ml Mayonnaise, fertig oder hausgemacht (siehe S. 19)

4 EL Tomatenketchup

4 EL gehackte Essiggurken oder Cornichons

1 fein gehackte Schalotte

4 EL Tomatenketchup

1 TL geriebener frischer Meerrettich

ein paar Tropfen Tabasco-Sauce

ZUBEREITUNG

Die Mayonnaise in eine Schüssel geben und die restlichen Zutaten unterrühren.

Sauce Gribiche

ERGIBT ETWA 375 ML

Diese Sauce wird ähnlich wie Mayonnaise hergestellt. Obwohl sie heute häufig mit rohem Eigelb zubereitet wird, wurden im Originalrezept gekochte Eigelbe verwendet. Sie verwandelt gekochtes Gemüse in köstliche Salate und schmeckt delikat auf hartgekochten Eierhälften. Außerdem paßt sie ausgezeichnet zu kaltem Fleisch, Geflügel oder Fisch, wenn ein einfacher grüner Salat dazu gereicht wird.

ZUTATEN

2 hartgekochte Eier

2–3 TL *Dijon*-Senf

300 ml Sonnenblumen- oder mildes Olivenöl

2 EL Weißweinessig

1 EL Kapern, falls groß, gehackt

1 EL gehackter Estragon

1 EL gehackte Petersilie

1 EL fein gehackter Schnittlauch

1 EL gehackte Essiggurken (nach Belieben)

fein geriebene Schale einer halben unbehandelten Zitrone

Salz und frisch gemahlener schwarzer Pfeffer

ZUBEREITUNG

Eiweiß vom Eigelb trennen; das gekochte Eiweiß zum Garnieren nehmen. Die Eigelbe durch ein Sieb streichen und mit dem Senf verrühren.

Wie bei der Mayonnaise unter ständigem Rühren mit dem Schneebesen tropfenweise Öl zu den Eigelben geben. Nachdem die Hälfte des Öls eingearbeitet wurde, kann der Rest etwas schneller zugegeben werden. Danach die restlichen Zutaten hinzufügen.

Aioli

ERGIBT ETWA 375 ML

Aioli ist eine beliebte kalte Knoblauchmayonnaise. Sie stammt aus der Provence, wo sie auch manchmal unter dem Namen „beurre de Provence“ bekannt ist. Eine einfachere Form von Aioli kann mit fertiger oder hausgemachter Mayonnaise (siehe S. 19) hergestellt werden. Dazu zerdrückt man Knoblauch und Salz und rührt dann langsam die normale Mayonnaise hinzu.

ZUTATEN

6–12 Knoblauchzehen

Salz und frisch gemahlener schwarzer Pfeffer

2 Eigelbe (siehe S. 8)

½–1 TL *Dijon*-Senf (nach Belieben)

etwa 300 ml Olivenöl

1½ EL Zitronensaft oder Weißweinessig oder eine Mischung aus beidem

ZUBEREITUNG

Knoblauch und eine Prise Salz in einen Mörser oder eine Schüssel geben und zerstoßen, bis eine sämige Paste entstanden ist. Eigelbe und, je nach Belieben, Senf zugeben und gut verrühren.

Dann unter langsamem, gleichmäßigem Rühren tropfenweise das Öl einfließen lassen. Nachdem die Hälfte des Öls eingearbeitet wurde, die Hälfte des Zitronensafts oder des Essigs hinzufügen. Jetzt kann das restliche Öl etwas schneller zugegeben werden, aber die Sauce muß trotzdem immer noch auf die gleiche Weise weitergerührt werden.

Den restlichen Zitronensaft oder Essig zugeben und abschmecken.

Thunfisch-Mayonnaise

ERGIBT ETWA 350 ML

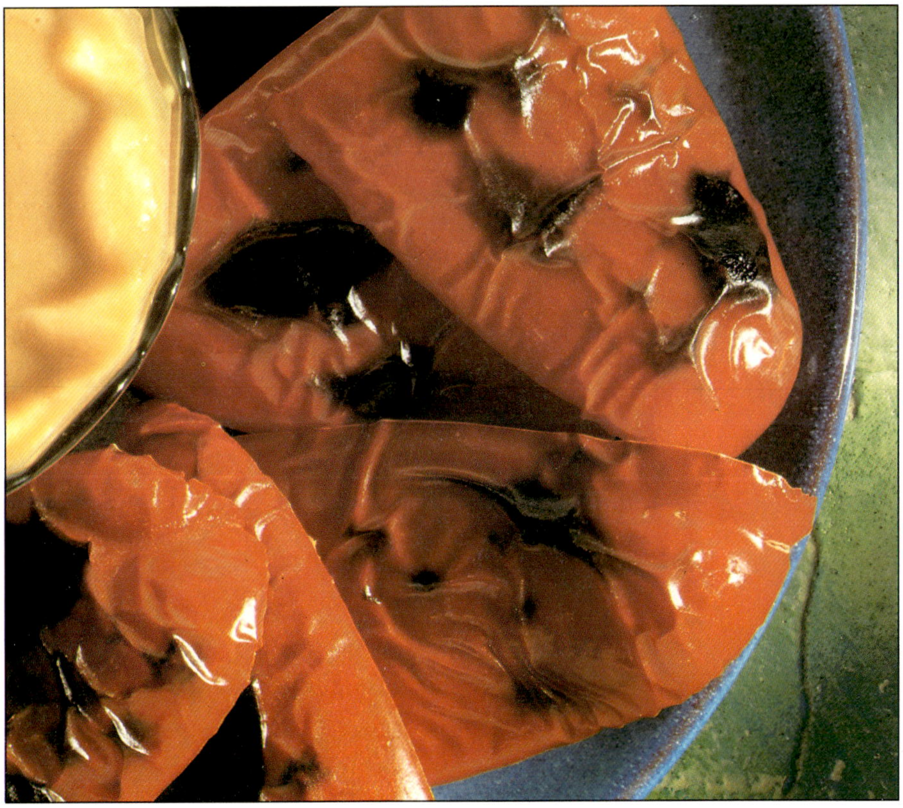

Thunfisch-Mayonnaise gehört traditionell zu dem italienischen Klassiker Vitello tonnato, *aber sie schmeckt so lecker, daß sie auch zu vielen anderen Gerichten verwendet werden kann. So gibt sie Kartoffel-, Tomaten-, rotem Paprika- und Zucchini-Salat, knackigem grünem Salat sowie Fisch- und Muschelsalaten einen besonderen Pfiff und wird mit hartgekochten Eiern und Avocados zu einem echten Hit. Zusätzliche Würze bekommt sie durch gehackte Kapern und Sardellenfilets.*

ZUTATEN

- 1 kleine Knoblauchzehe
- 100 g abgetropfter Thunfisch aus der Dose
- etwa 2 EL Zitronensaft
- Blätter von einem Petersilienstengel
- 1 Ei oder 2 Eigelbe
- 1½ TL *Dijon*-Senf
- 225 ml Olivenöl
- 115 ml Sonnenblumenöl
- Salz und frisch gemahlener schwarzer Pfeffer

ZUBEREITUNG

Knoblauch, Thunfisch, Zitronensaft, Petersilie, Ei und Senf in den Mixer geben. Zu einer gleichmäßig glatten Paste vermischen. Bei laufendem Motor langsam das Olivenöl und zuletzt das Sonnenblumenöl zugießen, bis eine gut eingedickte, glatte Mayonnaise entsteht.

Nach Belieben abschmecken und je nach Geschmack noch etwas Zitronensaft hinzufügen.

2

SALATSAUCEN MIT KRÄUTERN

Schon ein paar Eßlöffel duftende frische Kräuter reichen aus, um einfachen Salatsaucen eine beschwingte Note zu verleihen, sie mit neuem Leben zu erfüllen und einen Salat sofort zu etwas ganz Besonderem zu machen.

Je nach Art der verwendeten Kräuter kann sich der Charakter eines Salates vollkommen verändern: Oregano kann einem Salat zum Beispiel einen Touch von Sommer, Sonne, Italien geben, während ein Salat durch Zugabe von Pfefferminze einen Geschmack von Reinheit und Klarheit bekommt.

Kräuter neigen dazu, in der Salatsauce nach einer Weile dunkel zu werden. Es ist deshalb ratsam, sie so kurz wie möglich vor dem Servieren zuzugeben.

Pfefferminz-Tomaten-Vinaigrette

ERGIBT ETWA 225 ML

Mit dieser Salatsauce aus Tomatenstückchen, Minze und Vinaigrette läßt sich im Handumdrehen ein köstlicher warmer Nudelsalat zubereiten. Auch vermischt mit gekochtem Huhn oder Truthahn ergibt sie eine interessante Salatvariante. Sie schmeckt auch gut über Blattsalaten, Salaten mit Avocados oder Zucchini oder zu warmem Fisch, beispielsweise Thunfisch, Lachs, Seebarbe oder, etwas bescheidener, zu frischer Makrele.

ZUTATEN

100 ml Olivenöl

1 TL Weißweinessig

1½ TL Limonensaft

1 fein gehackte Knoblauchzehe

1 fein gehackte Schalotte

3 vollreife Tomaten

1 EL gehackte Pfefferminze

Salz und frisch gemahlener schwarzer Pfeffer

ZUBEREITUNG

Alle Zutaten außer den Tomaten und der Minze in eine Schüssel geben und verrühren, bis eine dickflüssige Sauce entsteht. Tomaten schälen, entkernen und hacken. Tomaten und Minze in die Salatsauce geben und abschmecken.

Kräuter-Vinaigrette

ERGIBT ETWA 115 ML

Für diese Vinaigrette kann man entweder nur eine Kräutersorte oder mehrere, verschiedene Kräuter verwenden. Achten Sie darauf, solche Kräuter auszusuchen, die zu den Salatzutaten passen. Wenn Sie die Salatsauce im voraus zubereiten, Kräuter erst kurz vor dem Servieren zugeben, weil sie sonst dunkel werden. Eine geschmacklich gut abgestimmte Kräuter-Vinaigrette paßt praktisch zu jedem Salat.

ZUTATEN

2 EL Weißweinessig oder Zitronensaft

Salz und frisch gemahlener schwarzer Pfeffer

1 TL *Dijon*-Senf (nach Belieben)

6 EL Olivenöl

2 EL gehackte Kräuter

ZUBEREITUNG

Weißweinessig oder Zitronensaft mit den Gewürzen und dem Senf (nach Belieben) in eine Schüssel geben. Öl langsam in einem gleichmäßigen dünnen Strahl unter ständigem Rühren mit dem Schneebesen einfließen lassen, bis die Vinaigrette schön sämig und dick ist. Probieren, ob genügend Gewürze oder Kräuter an der Sauce sind und nach Belieben abschmecken.

Petersilien-Zitronen-Dressing Spezial

ERGIBT ETWA 175 ML

Bereiten Sie dieses Dressing möglichst ein paar Stunden im voraus oder am besten schon einen Tag vorher zu, und stellen Sie es kühl (nicht in den Kühlschrank!). Vor dem Servieren noch einmal durchrühren und für Salate mit knackigen grünen Salatblättern, wie etwa römischem Salat, zusammen mit Croutons verwenden.

ZUTATEN

- 150 ml feines Olivenöl
- 2 EL Zitronensaft
- 1 TL abgeriebene Schale einer unbehandelten Zitrone
- 2 fein gehackte Knoblauchzehen
- 2 TL gehackte Petersilie
- 1 TL Sherryessig
- 1½ El frisch geriebener Parmesankäse
- Salz und frisch gemahlener schwarzer Pfeffer

ZUBEREITUNG

Zutaten zu einer gut gebundenen, dicken Salatsauce vermischen.

Oregano-Sardellen-Dressing

ERGIBT ETWA 200 ML

Dieses Dressing paßt ausgezeichnet zu gegrillten Auberginen, Paprikaschoten, Zucchini und Zwiebeln sowie zu Tomatensalat oder grünen Blattsalaten oder gegrilltem Fisch.

Die Sauce kann auch in einem kleinen Mixer zubereitet werden: Die eingeweichten Sardellenfilets mit dem Knoblauch, den Kräutern und der Hälfte des Zitronensafts kurz durchpürieren. Bei laufendem Motor ganz langsam das Öl hineintropfen lassen, bis die Sauce schön sämig und dick ist. Den Mixer ausschalten und die getrockneten Tomaten und den Pfeffer zugeben.

ZUTATEN

75 g Sardellenfilets aus der Dose	75 ml natives Olivenöl
1 kleine, zerdrückte Knoblauchzehe	1 TL fein gehackte sonnengetrocknete Tomaten (in Öl eingelegt)
1 1/2 EL fein gehackter Oregano	frisch gemahlener schwarzer Pfeffer
Saft einer Zitrone	

ZUBEREITUNG

Die Sardellenfilets 5 Minuten in Milch legen, dann abgießen. Die Sardellenfilets mit dem Knoblauch und den Kräutern in einen Mörser geben und mit dem Stößel zerstampfen, bis unter langsamer Zugabe der Hälfte des Zitronensafts eine glatte Paste entstanden ist.

Jetzt tropfenweise unter ständigem Rühren das Öl zugeben, bis die Hälfte des Öls in die Sauce eingerührt ist. Den restlichen Zitronensaft zugießen und dann langsam das übrige Öl hineinträufeln; dabei nie zu schlagen aufhören. Die gehackten getrockneten Tomaten leicht unterheben und mit schwarzem Pfeffer abschmecken.

Pesto-Vinaigrette

ERGIBT ETWA 250 ML

Durch Zugabe von Pesto-Sauce entsteht in Sekundenschnelle eine geschmacklich äußerst reizvolle Salatsauce, die darüber hinaus vielseitig verwendbar ist. Sie paßt zu grünem Salat, Nudelsalat und fast allen Gemüsesalaten (erfahrungsgemäß bildet Rote Bete hier eine Ausnahme) sowie zu Eier-, Muschel-, Hühner-, Truthahn- und Rindfleischsalat.

ZUTATEN

5-6 EL Weißweinessig	150 ml Olivenöl
4 TL Pesto-Sauce	Salz und frisch gemahlener schwarzer Pfeffer

ZUBEREITUNG

5 Eßlöffel Essig mit der Pesto-Sauce in eine Schüssel geben. Langsam das Öl zugießen und dabei kräftig schlagen, bis eine dickflüssige Sauce entsteht.

Abschmecken und nach Belieben noch etwas Essig zugeben.

RECHTS *Oregano-Sardellen-Dressing*

Estragon-Sesam-Dressing

ERGIBT ETWA 100 ML

Mit seinem nussigen Geschmack stellt dieses Dressing eine perfekte Ergänzung zu vollreifen Tomatenscheiben dar. Anstelle des Sesamöls kann auch Walnußöl verwendet werden.

ZUTATEN

4 TL gehackter Estragon

1 EL *Dijon*-Senf

2 EL Zitronensaft

2 EL Sesamöl

eine Prise Zucker (nach Belieben)

Salz und frisch gemahlener schwarzer Pfeffer

ZUBEREITUNG

Alle Zutaten in eine Schüssel geben und verrühren.

Petersilien-Dressing

ERGIBT ETWA 225 ML

Der Geschmack von Petersilie ist das ganze Jahr über relativ unverändert. Deshalb eignet sich dieses Kräuter-Dressing besonders gut für die Winterzeit, insbesondere auch weil es ausgezeichnet zu Salaten aus Wintergemüse paßt. Für die Zubereitung der Sauce im Mixer oder der Küchenmaschine Knoblauch, Fenchelsamen und eine Prise Salz hineingeben, kurz durchmixen und dann bei laufendem Motor langsam das Öl hinzugießen. Gegen Ende 2 Eßlöffel Petersilie zugeben. In eine Schüssel gießen und mit der restlichen Petersilie, den Frühlingszwiebeln, dem Estragon und dem schwarzen Pfeffer vermischen.

ZUTATEN

2 Knoblauchzehen

¼ TL Fenchelsamen

Salz und frisch gemahlener schwarzer Pfeffer

Blätter von einem großen Bund Petersilie

etwa 2 EL Weiß- oder Rotweinessig

fein abgeriebene Schale einer unbehandelten Zitrone

175 ml Olivenöl

3 fein gehackte Frühlingszwiebeln

1 TL gehackter Estragon (nach Belieben)

ZUBEREITUNG

Knoblauch, Fenchelsamen und eine Prise Salz in einen Mörser oder eine Schüssel geben. Mit dem Stößel oder dem Griff einer Teigrolle zerstampfen, bis ein gleichmäßiger Brei entstanden ist, und gegen Ende 2 Eßlöffel Petersilie zugeben.

Essig und abgeriebene Zitronenschale einrühren. Unter ständigem Rühren tropfenweise das Öl zugeben, bis eine dickflüssige Sauce entstanden ist.

Die restlichen Blätter der Petersilie, die Frühlingszwiebeln und den Estragon unterheben und mit schwarzem Pfeffer abschmecken.

Tomaten-Basilikum-Dressing

ERGIBT ETWA 300 ML

Ein leichtes Dressing mit klaren Geschmacksnuancen, das zu Fisch- und Muschel-, Nudel-, Eier-, Hühner- und Avocadosalat paßt. Das Walnußöl unterstreicht das Aroma der Tomaten, und wenn Sie vollaromatische, sonnengereifte Tomaten verwenden, dürften sie auch süß genug für die Sauce sein. Wenn nicht, einfach etwas Zucker zugeben.

ZUTATEN

1 EL Olivenöl

2 EL Walnußöl

2 EL Weißweinessig

1 EL Sherryessig

3 vollreife Tomaten

18–20 gehackte Basilikumblätter

eine Prise Kristallzucker (nach Belieben)

Salz und frisch gemahlener schwarzer Pfeffer

ZUBEREITUNG

Essig und Öl in eine Schüssel geben und verrühren. Tomaten schälen, entkernen und fein hacken und dann mit dem Basilikum unter die Sauce mischen. Falls nötig, etwas Zucker zugeben, würzen und abschmecken.

OBEN *Schnittlauch-Zitronen-Vinaigrette*

Schnittlauch-Zitronen-Vinaigrette

ERGIBT ETWA 175 ML

Mit dieser Salatsauce läßt sich ein wunderbar leichter Kartoffelsalat zubereiten. Mit den noch warmen, möglichst neuen Kartoffeln und fein gehackten Frühlingszwiebeln vermischen und dann abkühlen lassen.

ZUTATEN

1 Knoblauchzehe

Salz und frisch gemahlener schwarzer Pfeffer

4 EL Zitronensaft

fein abgeriebene Schale einer unbehandelten Zitrone

1½ TL Senf (aus ganzen Körnern)

4 EL feines Olivenöl

2 EL gehackter Schnittlauch

ZUBEREITUNG

Knoblauch mit einer Prise Salz in eine Schüssel geben und zerdrücken. Dann Zitronenschale und -saft sowie Senf einrühren, so daß eine glatte Sauce entsteht.

Unter ständigem Rühren langsam das Öl zugeben, bis die Vinaigrette schön gebunden ist.

Schnittlauch zugeben und mit schwarzem Pfeffer abschmecken.

Kräuter-Dressing mit Kapern

ERGIBT ETWA 300 ML

Dieses Dressing paßt gut zu Muschel-, Gurken-, Zucchini- und Eiersalat sowie zu grünem Blattsalat, schmeckt aber auch vorzüglich zu gegrilltem Fisch, insbesondere Lachs oder Fisch mit festem Fleisch, wie Seeteufel oder frischem Kabeljau, oder zu Fischstäbchen.

ZUTATEN

½ Knoblauchzehe

Salz und frisch gemahlener schwarzer Pfeffer

3 EL Zitronensaft

4 EL Kapern

2 EL gehackter Schnittlauch

2 EL gehackter Dill

150 ml Olivenöl

ZUBEREITUNG

Knoblauch mit einer Prise Salz in den Mörser geben und mit dem Stößel zu einem Brei zerstampfen.
Zitronensaft, Kapern und Kräuter untermischen und unter ständigem Rühren langsam das Öl zugießen, bis die Sauce gut eingedickt ist. Mit schwarzem Pfeffer abschmecken.

Kräuter-Knoblauch-Senf-Dressing

ERGIBT ETWA 250 ML

Diese Salatsauce ist ziemlich intensiv im Geschmack und wird deshalb am besten für etwas kräftigere Salate wie „Salade Niçoise“ verwendet.

ZUTATEN

- 1-2 Knoblauchzehen
- Salz und frisch gemahlener schwarzer Pfeffer
- Blätter von 4-5 Thymianzweiglein
- Blätter und zarte Stengel von einem kleinen Bund Kerbel
- 1 TL *Dijon*-Senf
- 50 ml Rotweinessig
- 175 ml Olivenöl

ZUBEREITUNG

Knoblauch, Kräuter und eine Prise Salz in eine Schüssel geben. Zerstoßen und dann mit dem Essig und dem Senf verrühren, bis eine glatte Sauce entsteht.

Unter ständigem Rühren langsam das Öl zugeben, bis das Dressing schön dickflüssig ist. Mit schwarzem Pfeffer abschmecken.

Basilikum-Dressing

ERGIBT ETWA 175 ML

Das vielgeliebte Basilikum schmeckt natürlich am besten, wenn es in der prallen Sommersonne sein ganzes Aroma zur Entfaltung bringen konnte. Deshalb lohnt es sich, die Zubereitung dieser Salatsauce möglichst auf den Sommer zu verschieben. Sie paßt zu vielen Salaten, zum Beispiel zu warmem Nudelsalat, grünem Salat, Muschel-, Kartoffel-, Zucchini-, Eier- und Käsesalat, sowie zu gegrilltem Gemüse.

ZUTATEN

2 Knoblauchzehen

Blätter von einem großen Bund Basilikum

Salz und frisch gemahlener schwarzer Pfeffer

1 EL Weißweinessig

6 EL feines Olivenöl

2 EL frisch geriebener Parmesankäse

ZUBEREITUNG

Knoblauch, Basilikumblätter, etwas Salz und Essig in einen kleinen Mixer geben. Kurz durchmixen, und dann bei laufendem Motor langsam das Öl zugeben, bis alles gut gebunden ist.

In eine Schüssel umschütten. Käse einrühren und mit schwarzem Pfeffer abschmecken.

Koriander-Kapern-Limonen-Dressing

ERGIBT ETWA 225 ML

Versuchen Sie diese pikante Sauce einmal vermischt mit warmen Kartoffeln oder Sellerie, die Sie anschließend abkühlen lassen. Köstlich auch zu Meeresfrüchtesalat oder als Dressing über Fritiertem und Gebackenem, wie Fisch, sowie auf Feta- oder anderen Käsescheiben.

ZUTATEN

1 fein gehackte Knoblauchzehe

1 1/2 TL Senf (aus ganzen Körnern)

fein abgeriebene Schale und Saft von 2 unbehandelten Limonen

1 EL Weißweinessig

4 EL natives Olivenöl

3–4 EL Kapern

3 EL gehackter Koriander

frisch gemahlener schwarzer Pfeffer

ZUBEREITUNG

Knoblauch, Senf, abgeriebene Schale und Saft der Limonen zusammen mit dem Essig in eine Schüssel geben und vermischen. Unter ständigem Rühren langsam das Öl einfließen lassen, bis eine schöne dicke Sauce entsteht. Danach Kapern und Korinader unterheben und mit schwarzem Pfeffer würzen.

3

SALATSAUCEN MIT GEWÜRZEN

Wohlriechende Gewürze aus aller Herren Länder bereichern Ihre Salatsaucen mit dem Zauber von Tausendundeiner Nacht. Sie machen aus einfachen Salatzutaten exotische Köstlichkeiten. Die Salate müssen nicht wirkliche Spezialitäten aus fernen Ländern sein. Lassen Sie einfach Ihrer Phantasie freien Lauf, und wählen Sie die Zutaten ganz nach Ihrem Geschmack.

Schwarze-Bohnen-Ingwer-Brunnenkresse-Dressing

ERGIBT ETWA 150 ML

Wenn Sie keinen Reiswein haben, können Sie statt dessen auch 1 Eßlöffel Reisessig und 1 Eßlöffel Wasser verwenden. Lecker zu Fischsalat mit Lachs oder einem anderen Fisch mit festem weißem Fleisch, wie etwa Seeteufel, oder aber zu Huhn, jungen Spinatblättchen, warmen chinesischen Fadennudeln aus Eiern oder Glasnudeln.

ZUTATEN

- 1 EL grob gehackte, gesalzene schwarze Bohnen
- 1 EL Erdnuß- oder Traubenkernöl
- 2 TL Sesamöl
- 2 TL geriebener frischer Ingwer
- 2 EL Reiswein
- 40 g zarte Brunnenkressestengel und -blätter
- frisch gemahlener schwarzer Pfeffer

ZUBEREITUNG

Die schwarzen Bohnen 15 Minuten lang in 1-2 Eßlöffel heißem Wasser einweichen. Abgießen und auf Küchenkrepp abtrocknen lassen.

Schwarze Bohnen, Öl, Ingwer und Reiswein zusammen in eine Schüssel geben und verrühren, bis eine dicke, gebundene Sauce entsteht. Danach die Brunnenkresse unterziehen und mit schwarzem Pfeffer abschmecken.

Chili-Ingwer-Dressing

ERGIBT 175 ML

Verwenden Sie dieses würzig-frische Dressing für Salate mit Schweinefleisch, Rindfleisch, Huhn, Ente oder Fisch.

ZUTATEN

- 175 ml Traubenkernöl
- 2 EL Weißweinessig
- 1-2 fein gewiegte frische grüne Chilischoten (ohne die Kerne)
- 1 Stück geriebener frischer Ingwer (Größe etwa 2,5 cm)
- 2 fein gehackte Frühlingszwiebeln
- Salz und frisch gemahlener schwarzer Pfeffer

ZUBEREITUNG

Essig und Öl verrühren, bis eine sämige Sauce entsteht.

Chilischoten, Ingwer und Frühlingszwiebeln zugeben. Das Ganze vermischen und nach Belieben abschmecken.

Nussiges Korianderdressing

ERGIBT ETWA 400 ML

Eine dunkle Sauce, die am besten zu dunklen Blattsalaten, wie Radicchio oder Eichblattsalat, serviert wird. Paßt auch gut zu warmen orientalischen Nudelsalaten oder Salaten aus pfannengerührtem Gemüse.

ZUTATEN

- 75 ml Erdnußöl
- 2 EL Sesamöl
- 5 EL gehackter frischer Koriander
- 4 EL helle Sojasauce
- 3 EL Erdnußbutter
- 4 EL Rotweinessig
- 3 EL Schwarze-Bohnen-Sauce
- 50 g geriebener frischer Ingwer
- 2 TL Chili-Sauce
- 1 EL Kristallzucker

ZUBEREITUNG

Alle Zutaten in den Mixer geben und so lange pürieren, bis eine glatte Sauce entsteht, oder alternativ alles in einer Schüssel verrühren.

Chili-Koriander-Vinaigrette

ERGIBT ETWA 225 ML

Bereits die Zutaten – Chilischoten, gemahlener Kreuzkümmel und frischer Koriander – lassen erkennen, daß es sich bei dieser Salatsauce um eine perfekte Ergänzung zu mexikanischem Mais- und Bohnensalat handelt.

ZUTATEN

3 fein gehackte grüne Chilischoten (ohne Kerne)

½ TL gemahlener Kreuzkümmel

40 ml Apfelessig

Salz

115 ml Erdnußöl

gehackte Blätter von 1 kleinen Bund Koriander

ZUBEREITUNG

Chilischoten, Kreuzkümmel, Essig und Salz in eine Schüssel geben und verrühren. Unter ständigem Rühren langsam das Öl zugeben, bis die Sauce schön gebunden ist. Den Koriander erst kurz vor dem Servieren dazugeben.

Kokos-Erdnuß-Dressing

ERGIBT ETWA 175 ML

Den Szechuan-Pfeffer, wie auf Seite 50 angegeben, rösten und dann in einer Gewürzmühle mahlen oder in einem Mörser fein zerstoßen. Paßt gut zu chinesischen Nudelsalaten oder Rohkostsalaten.

ZUTATEN

- 1½ EL Erdnußöl
- 2 zerdrückte Knoblauchzehen
- 50 g zum Block gepreßte Kokosnußsahne, gehackt
- 4 TL Sojasauce
- 3 EL Reisessig
- 3 EL Erdnußbutter
- 1 große Prise weicher, dunkler, brauner Zucker
- 1 große Prise gemahlener, gerösteter Szechuan-Pfeffer
- frisch gemahlener schwarzer Pfeffer

ZUBEREITUNG

Öl in einer kleinen Bratpfanne erhitzen, Knoblauch zugeben und 1-2 Minuten bei milder Hitze anbräunen. Die Kokosnußsahne zugeben und so lange rühren, bis sie flüssig ist. Die restlichen Zutaten unterrühren und alles gut vermischen.

Ingwer-Koriander-Vinaigrette

ERGIBT ETWA 225 ML

Die Korianderblätter werden erst im letzten Moment zugegeben, weil sie sonst dunkel werden. Geröstete Sesamsamen, als Garnierung am Schluß darübergestreut, ergänzen dieses Dressing hervorragend. Diese Vinaigrette paßt gut zu Blattsalaten, wie Frisée-Salat, römischem Salat, Bataviasalat, Brunnenkresse oder jungem Spinat oder auch zu Käsesalat. Kann auch zu Fisch, wie Seebarsch, Thunfisch oder Lachs, sowie zu Hühner- oder Schweinefleisch gereicht werden.

ZUTATEN

- 1 Stück geriebener frischer Ingwer (1,25 cm)
- 1 fein gehackte Schalotte
- Saft von 1 Limone
- 1 EL Sojasauce
- 2 EL Reisweinessig
- 115 ml Olivenöl
- 1 EL dunkles Sesamöl
- Salz und frisch gemahlener schwarzer Pfeffer
- ½ Bund Koriander, grob gehackt

ZUBEREITUNG

Ingwer, Schalotte, Limonensaft, Sojasauce und Essig in eine Schüssel geben und verrühren.

Unter kräftigem Rühren tropfenweise zuerst das Olivenöl und dann das Sesamöl hinzufügen. Abschmecken. Koriander erst kurz vor dem Servieren zugeben.

Indonesische Erdnußsauce

ERGIBT ETWA 425 ML

Dieses Dressing stellt einen wesentlichen Bestandteil des traditionellen indonesischen „Gado-gado-Salats" aus verschiedenen Gemüsen, Tofu und dünnen Omelettes dar. Es wird in der Regel nicht darübergegossen, sondern dazugereicht. Es paßt jedoch auch gut zu warmem Kartoffel-, Grüne-Bohnen-, Blumenkohl-, Zucchini- oder Selleriesalat. Wenn die Sauce im voraus zubereitet wird, kann es vorkommen, daß sie gerinnt. Dies kann durch leichtes Erhitzen und Einrühren von etwa 1 Eßlöffel Wasser leicht behoben werden.

ZUTATEN

2 EL Erdnußöl

1 fein gehackte Zwiebel

1 fein zerdrückte Knoblauchzehe

1 Prise zerdrückte rote Chilischoten

115 g ungesalzene geröstete Erdnüsse

175 ml Kokosmilch

1½ TL Sojasauce

Saft einer ½ Limone

1 TL brauner Zucker

Salz und frisch gemahlener schwarzer Pfeffer

ZUBEREITUNG

Öl in der Bratpfanne erhitzen und Zwiebel darin anbraten, bis sie leicht angebräunt ist. Dann Knoblauch und die Chilis zugeben und braten lassen, bis die Zwiebel goldbraun ist.

In der Zwischenzeit Erdnüsse in einen Mixer geben und zu einem groben Brei pürieren. Kokosnußmilch, Sojasauce, Limonensaft, Zucker und die Erdnußpaste zu den anderen Zutaten geben und gut vermischen, bis eine glatte, cremige Sauce entsteht.

Szechuan-Pfeffer-Dressing

ERGIBT ETWA 400 ML

Dieses Dressing hat einen ausgeprägt würzigen Geschmack. Wenn es mehr als ein paar Stunden steht, kann es die Farbe, nicht jedoch den Geschmack verlieren. Köstlich zu Enten-, Hühner- und kaltem Nudelsalat.

ZUTATEN

1 EL Szechuan-Pfefferkörner

3 Knoblauchzehen

Saft von 6 Limonen

1 EL Koriander

1 EL Petersilie

1 EL Dill

1 EL Zucker

Salz und frisch gemahlener schwarzer Pfeffer

ZUBEREITUNG

Pfefferkörner in eine trockene, kleine, schwere (möglichst gußeiserne) Bratpfanne geben und erhitzen, bis sie zu duften beginnen. Dann in den Mixer schütten und die restlichen Zutaten hinzugeben. Mixen, bis eine glatte Sauce entsteht.

RECHTS *Indonesische Erdnußsauce*

Curry-Dressing

ERGIBT ETWA 150 ML

Für dieses Rezept wird normalerweise eine mittelscharfe Currypaste verwendet. Sollten Sie eine milde oder scharfe Currypaste verwenden, bitte Menge entsprechend anpassen. Das Dressing verleiht Salaten mit Obst, Wasserkresse oder Spinat einen besonderen Charakter und paßt auch gut zu Garnelen oder Krabben.

ZUTATEN

1 TL Currypaste

1 Knoblauchzehe

Salz und frisch gemahlener schwarzer Pfeffer

1½ EL Weißweinessig oder Zitronensaft

6 EL Traubenkernöl

etwa ½ TL geriebener frischer Ingwer (nach Belieben)

ZUBEREITUNG

Currypaste, Knoblauch und eine Prise Salz in einen Mörser oder eine kleine Schüssel geben und mit dem Stößel oder dem Ende der Teigrolle zu Brei zerstampfen.

Essig unterrühren und dann unter ständigem Rühren tropfenweise das Öl hinzugeben, bis eine schöne dicke Sauce entsteht.

Nach Belieben Ingwer zugeben und mit schwarzem Pfeffer abschmecken.

Sesam-Dressing

ERGIBT 225 ML

Leckeres Dressing für warm servierte asiatische Nudelsalate. Die chinesischen Eiernudeln können im voraus gekocht, abgekühlt und im Kühlschrank aufbewahrt werden. Kurz vor dem Servieren die Nudeln in einem Sieb über einem Topf mit kochendem Wasser 5-7 Minuten wieder aufwärmen.

ZUTATEN

3 EL Erdnußöl

2 EL Sesamöl

4 EL Sojasauce

1 Knoblauchzehe, zerdrückt

3 EL geröstete Sesamsamen

½–1 fein gehackte, frische rote Chilischote (ohne Kerne)

4 EL gehackte Korianderblätter

ZUBEREITUNG

Alle Zutaten außer dem Koriander vermischen. Kurz vor dem Servieren die Korianderblätter zugeben.

Satay-Sauce

ERGIBT ETWA 500 ML

Wenn Sie keine gerösteten ungesalzenen Erdnüsse kaufen können, können Sie die ungesalzenen Erdnüsse im Backofen unter häufigem Wenden selbst rösten, bis sie gleichmäßig braun sind.

Satayspießchen aus Schweinefleisch, Rindfleisch, Hühnerfleisch oder Schalentieren mit der Sauce übergießen oder zu Kebab reichen und mit Limonenscheibchen servieren.

ZUTATEN

75 g geröstete ungesalzene Erdnüsse

1 Knoblauchzehe

2 EL rote Currypaste

400 ml Kokosmilch

2 EL weicher, dunkler, brauner Zucker

1 Spritzer Limonensaft

1 Prise scharfes Chilipulver

ZUBEREITUNG

Erdnüsse, Knoblauch, Currypaste und etwas Kokosmilch in den Mixer geben und zu einem gleichmäßigen Brei vermischen. Die restliche Kokosnußmilch und den Zucker zugeben und alles durchmixen, bis eine glatte Sauce entsteht.

Die Zutaten in einen Kochtopf gießen und den Zitronensaft zugeben. Zwei Minuten aufkochen lassen und anschließend 10 Minuten unter gelegentlichem Umrühren bei geringer Hitze köcheln lassen. Aufpassen, daß nichts am Boden anlegt. Wenn die Sauce zu dick wird, etwas Wasser zugeben. Mit dem Chilipulver abschmecken und warm servieren.

4

SALATSAUCEN MIT OBST UND NÜSSEN

Anstelle des Essigs oder eines Teils des Essigs kann in Salatsaucen Obst verwendet werden, das der Sauce außerdem mehr Geschmack und eine charakteristische Note verleiht. Jedes Obst schmeckt wieder ganz anders, und so lassen sich mit derselben Grundsauce und verschiedenen Früchten völlig unterschiedliche Ergebnisse erzielen.

Nüsse geben Salatsaucen zusätzlichen Geschmack und verändern ihre Beschaffenheit. Um den Nußgeschmack zu optimieren, Nüsse auf einem Blech (mit Backpapier) ausbreiten und im vorgeheizten Backofen bei 180 °C/Gas Stufe 3 circa 15-20 Minuten lang rösten und gelegentlich wenden, bis sie braun und knackig sind. Immer nur kleine Mengen von Nüssen einkaufen und an einem kühlen, dunklen Ort aufbewahren.

Mango-Vinaigrette

ERGIBT ETWA 300 ML

Reichen Sie dieses Dressing zu geräuchertem Huhn, Truthahn oder Schweinefleisch.

ZUTATEN

1 reife Mango, geschält und in Scheiben geschnitten

1 gehackte kleine bis mittelgroße frische rote Chilischote (ohne Kerne)

1 EL Weißweinessig

115 ml Olivenöl

Salz und frisch gemahlener schwarzer Pfeffer

ZUBEREITUNG

Alle Zutaten in den Mixer geben und pürieren, bis eine glatte Sauce entsteht.

Orangen-Vinaigrette

ERGIBT ETWA 200 ML

Verwenden Sie dieses Dressing zur Verfeinerung eines erfrischenden Salats aus dünnen Fenchel- und Orangenscheibchen oder zu einem geriebenen Karottensalat. Unter Zugabe von einer Prise Kümmel paßt es auch ausgezeichnet zu Rote-Bete-Salat.

ZUTATEN

4 EL Orangensaft

1 TL fein abgeriebene Schale einer unbehandelten Orange

1 EL Weißweinessig

1 TL Balsamessig

1 fein gehackte Schalotte

6 EL natives Olivenöl

Salz und frisch gemahlener schwarzer Pfeffer

ZUBEREITUNG

Orangensaft, abgeriebene Orangenschale, Essig und Schalotte in eine Schüssel geben und dann langsam unter ständigem Rühren das Öl zugießen, bis die Sauce sämig wird. Abschmecken.

Zitronen-Vinaigrette

ERGIBT ETWA 175 ML

Zitronenschale und -saft geben dieser Sauce ein gutes zitronenfrisches Aroma. Paßt besonders gut zu Fenchel- oder Chicoréesalat.

ZUTATEN

1 Knoblauchzehe

Salz und frisch gemahlener schwarzer Pfeffer

fein abgeriebene Schale von $^1/_3$ einer großen unbehandelten Zitrone

Saft von 1 großen Zitrone

$^1/_4$ TL Paprikapulver

1 Prise Cayennepfeffer

6 EL feines Olivenöl

ZUBEREITUNG

Knoblauch mit einer Prise Salz in den Mörser oder eine Schüssel geben und mit dem Stößel oder dem Ende einer Teigrolle zu Brei zerstampfen.

Zitronenschale und -saft, Paprika und Cayennepfeffer zugeben. Langsam das Öl zugießen und ständig weiterrühren, bis die Sauce gut gebunden ist.

Grilltomaten-Knoblauch-Vinaigrette

ERGIBT ETWA 225 ML

Leckere Sauce zu gegrillten roten Paprikaschoten, Zucchini, Auberginen und Zwiebeln oder zum Vermischen mit Nudeln.

ZUTATEN

1 große Fleischtomate
3 dicke ungeschälte Knoblauchzehen
1 TL Sherryessig
4 EL feines Olivenöl
Salz und frisch gemahlener schwarzer Pfeffer

ZUBEREITUNG

Den Grill vorheizen. Tomate und Knoblauch grillen, bis sie weich sind, die Haut außen angekohlt ist und Blasen wirft. Danach abkühlen lassen und die Haut abziehen. Tomate entkernen und hacken.

Knoblauch und Tomate in den Mixer geben und pürieren, bis eine glatte Sauce entsteht. Bei laufendem Motor zuerst den Essig und dann ganz langsam das Öl zugeben, bis die Sauce schön sämig ist.

Mohn-Vinaigrette

ERGIBT ETWA 250 ML

Der leicht nussige Knuspergeschmack der Mohnsamen wird zum Tüpfelchen auf dem „i" von Avocadosalaten, grünen Blattsalaten, wie Frisée-Salat, oder pikanten Fruchtsalaten.

ZUTATEN

½ TL englisches Senfpulver
¼ TL gemahlener Ingwer
½ geraspelte rote Zwiebel
3 EL Rotweinessig
1 EL klarer, flüssiger Honig
1 EL Mohn
150 ml Erdnußöl
Salz und frisch gemahlener schwarzer Pfeffer

ZUBEREITUNG

Senfpulver, gemahlener Ingwer, Zwiebel, Essig, Honig und Mohn in eine Schüssel geben und vermischen.

Unter ständigem Rühren langsam das Öl zugeben, bis die Sauce schön sämig ist. Abschmecken.

RECHTS *Grilltomaten-Knoblauch-Vinaigrette*

Orangen-Zitronen-Dressing

ERGIBT ETWA 250 ML

Dieses Dressing mit seinem ziemlich komplexen Aroma paßt bestens zu Karotten- und Rote-Bete-Salat und zu allen Salaten, die irgendwelches Obst enthalten.

ZUTATEN

Fein abgeriebene Schale und Saft von 1 unbehandelten Orange

4 TL Zitronensaft

1/4 TL zerstoßene Fenchelsamen

3 fein gehackte Frühlingszwiebeln (nur der weiße Teil)

1 TL Balsamessig

Salz und frisch gemahlener schwarzer Pfeffer

5 EL Olivenöl

1 EL Haselnußöl

3 EL gehackte, gemischte Küchenkräuter (z. B. Kerbel, Petersilie und Schnittlauch)

ZUBEREITUNG

Orangenschale und -saft, Zitronensaft, Fenchelsamen, Essig, Frühlingszwiebeln und Salz in eine Schüssel geben und gut vermischen. Langsam das Öl zugießen und ständig weiterrühren, bis alles gut vermengt ist. Kräuter unterheben und mit schwarzem Pfeffer abschmecken.

Sahniges Orangen-Haselnuß-Dressing

ERGIBT ETWA 175 ML

Dieses Dressing ist eine ausgesprochene Köstlichkeit zu einem Salat aus Lachs und Feldsalat, Spinat und Brunnenkresse oder kann auch einfach ohne den Lachs über die Blattsalate gegossen werden. Paßt außerdem hervorragend zu Rote-Bete-, Karotten-, Fenchel- und Chicoréesalat.

ZUTATEN

3 EL Orangensaft

2 EL Sherryessig

2 EL Crème double (extrafette Sahne)

1 EL Orangenlikör (nach Belieben)

100 ml Haselnußöl

50 g gehackte geröstete Haselnüsse

Salz und frisch gemahlener schwarzer Pfeffer

ZUBEREITUNG

Orangensaft, Essig, Sahne und Likör in eine Schüssel geben und vermischen. Unter ständigem Rühren langsam das Öl zugießen, bis die Sauce sämig ist.

Haselnüsse zugeben und nach Belieben abschmecken.

Walnuß-Dressing

ERGIBT ETWA 115 ML

Balsamessig verleiht diesem Dressing seine besondere Note. Die Menge des verwendeten Essigs hängt ganz von der Qualität und Intensität des Essigs und davon ab, wie würzig Sie die Sauce haben wollen. Wenn Sie es lieber leichter haben, kann Weißweinessig mit dem Balsamessig kombiniert werden. Das Walnuß-Dressing paßt hervorragend zu Käse-, Brunnenkresse- und Spinatsalat und stellt eine harmonische Ergänzung zu Kohl und Salaten aus festen Blättern dar.

ZUTATEN

25 g Walnußhälften
3 EL Olivenöl
3 EL Walnußöl
2 EL Balsamessig
Salz und frisch gemahlener schwarzer Pfeffer

ZUBEREITUNG

Den Backofen auf 180°C/Gas Stufe 3 vorheizen. Die Walnüsse auf einem Backblech ausbreiten und etwa 15 Minuten im Ofen rösten, bis sie schön knusprig und braun sind. Nüsse hacken. Öle und Essig in eine Schüssel geben und verrühren, bis alles gut vermengt ist.

Nüsse zugeben und abschmecken.

Mittelmeer-Dressing

ERGIBT ETWA 250 ML

Dieses Dressing ist ein wahres Feuerwerk von hitzedurchfluteten und in der Mittelmeersonne wohlig gereiften Zutaten. Ideal zu Weißbrotwürfeln, die nach Belieben mit Kräutern und Knoblauch gewürzt werden, und zu knackigen Salatblättern. Auch köstlich zu gegrilltem Käse, wie Feta, oder als Sauce unter Nudeln gemischt.

ZUTATEN

- 2 in Öl eingelegte, sonnengetrocknete Tomaten
- 1 kleine Knoblauchzehe
- 1 EL Kapern
- etwa 8 entkernte schwarze Oliven
- 1½ EL Rot- oder Weißweinessig
- 7 EL natives Olivenöl
- 1 Prise Salz (nach Belieben)
- frisch gemahlener schwarzer Pfeffer

ZUBEREITUNG

Tomaten, Knoblauch, Kapern und Oliven fein hacken. In eine Schüssel geben und mit dem Essig vermischen. Unter ständigem Rühren langsam das Öl zugeben, bis die Sauce schön sämig ist. Mit schwarzem Pfeffer abschmecken.

Kräftiges Tomatendressing aus sonnengetrockneten Tomaten

ERGIBT ETWA 250 ML

Dieses köstliche Dressing schmeckt ausgezeichnet zu warmem Nudelsalat. Doch auch in Kartoffelsalat oder über gegrilltem Mais ist es eine wahre Gaumenfreude.

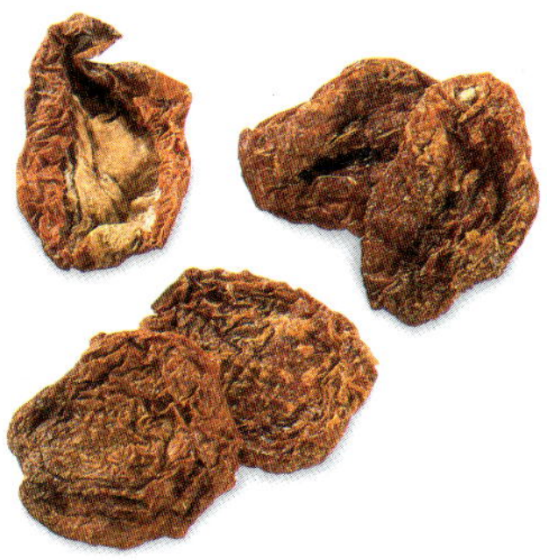

ZUTATEN

- 4 in Öl eingelegte, sonnengetrocknete Tomaten
- 1 dicke Knoblauchzehe
- etwa 2 TL Senf (aus ganzen Körnern)
- 4 EL Rotweinessig
- 2 EL Tomatenmark
- 4 EL Öl aus dem Glas, in dem die getrockneten Tomaten einlegt waren
- 5 EL extrafeines Olivenöl
- Salz und frisch gemahlener schwarzer Pfeffer

ZUBEREITUNG

Sonnengetrocknete Tomaten, Knoblauch, Senf, Essig und Tomatenmark in den Mixer geben. Bei laufendem Motor langsam das Öl aus dem Tomatenglas und das Olivenöl zugeben und kurz durchmischen. Abschmecken und nach Belieben noch etwas Senf hinzufügen.

OBEN *Mittelmeer-Dressing*

Sahniges Zitronen-Limonen-Dressing

ERGIBT ETWA 350 ML

Dieses frische Dressing mit seinem klaren Geschmack ist leichter als Mayonnaise (und ohne Eigelb) und kann als Alternative für Mayonnaise zu Krabben-, Garnelen-, Muschel- und Hummersalat sowie zu Hühner- und Truthahnsalat gereicht werden.

ZUTATEN

Fein abgeriebene Schale und Saft von 1 großen unbehandelten Limone

fein abgeriebene Schale und Saft von ½ Zitrone

4 fein gehackte größere Frühlingszwiebeln

Salz

2 TL Kristallzucker

5 EL Olivenöl

150 ml Crème double (extrafette Sahne)

ein paar Tropfen Tabasco-Sauce

frisch gemahlener schwarzer Pfeffer

ZUBEREITUNG

Schale und Saft der Limone und Zitrone, Frühlingszwiebeln, Salz und Zucker in eine Schüssel geben. Langsam tropfenweise das Öl zugeben und gut verrühren, bis eine sämige Sauce entsteht.

Nach und nach die Sahne unterheben. Mit Tabasco-Sauce und schwarzem Pfeffer abschmecken.

Würzig-süßes Dressing

ERGIBT ETWA 250 ML

Benutzen Sie dieses Dressing zum Anmachen von Obstsalaten, die als Vorspeise serviert werden, wie etwa gemischtem Melonensalat. Zur Verfeinerung und zum Garnieren eignen sich besonders gehackte Minze, frischer geriebener Ingwer oder eine winzige Prise gemahlener Zimt.

ZUTATEN

2 EL flüssiger, klarer Honig

75 ml Portwein

Saft von 3 Zitronen

Salz und frisch gemahlener schwarzer Pfeffer

ZUBEREITUNG

Honig, Portwein und Zitronensaft in eine Schüssel geben. Alles gut vermischen und abschmecken.

Kokosnuß-Zitronen-Dressing

ERGIBT ETWA 200 ML

Leckeres Dressing für Fisch und Schalentiere sowie für chinesische Nudelsalate. Salat mit Basilikumblättern garnieren.

ZUTATEN

1 EL Erdnuß- oder Traubenkernöl

175 g zum Block gepreßte Kokosnuß-sahne, gehackt

1 große Prise chinesisches Fünfgewürz

2 EL Reiswein

1 Stück Zitronengras (7,5 cm), zerdrückt und in dünne Scheibchen geschnitten

Salz und frisch gemahlener schwarzer Pfeffer

ZUBEREITUNG

Öl in einer kleinen, schweren Bratpfanne erhitzen. Kokosnußsahne hinzugeben und bei leichter Hitze rühren, bis sie flüssig geworden ist. Die restlichen Zutaten zugeben und weiterrühren, bis alles gleichmäßig miteinander vermischt ist.

5

SALATSAUCEN AUF MAYONNAISE-BASIS

Direkt nach der Vinaigrette gilt Mayonnaise als bekannteste Form des Salatdressings. Sie wird zwar häufig pur gereicht, doch gibt es unzählige Möglichkeiten, sie ohne großen Aufwand zu verfeinern und damit auch jeden Salat mit einer aufregend neuen Geschmacksnote zu veredeln. Zur Verfeinerung von herkömmlicher Mayonnaise eignen sich alle Gewürz- und Kräutersorten. Auch Gemüse und Sprossen, wie zum Beispiel Brunnenkresse (s. Seite 68), sind eine gute Ergänzung für klassische Mayonnaise. Mit püriertem gekochtem Spinat oder pürierten gegrillten roten Paprika können Sie Mayonnaise nicht nur geschmacklich verfeinern, sondern auch farblich Akzente setzen. Mayonnaise läßt sich zwar auch zu Hause herstellen (s. Seite 19), wesentlich einfacher ist es jedoch, Mayonnaise aus dem Glas zu verwenden.

Einfache Mayonnaise-Variationen

OBEN *Kresse-Mayonnaise*

Extraleichte Mayonnaise
1-2 Eiweiß steif schlagen und anschließend 350 ml selbstgemachte (s. Seite 19) oder fertig gekaufte Mayonnaise unterheben.

Leichte Mayonnaise
Joghurt und selbstgemachte (s. Seite 19) oder fertig gekaufte Mayonnaise – Menge nach Gutdünken – miteinander verrühren. Griechischer Joghurt eignet sich ebenfalls sehr gut.

Zitronen-Mayonnaise
Wenn Sie die Mayonnaise (s. Seite 19) selbst herstellen, den Essig durch Zitronensaft ersetzen und 2 Eßlöffel abgeriebene Zitronenschale mit den Eidgelben verrühren. Bei fertig gekaufter Mayonnaise die geriebene Zitronenschale unter die Mayonnaise heben.

Mayonnaise mit Brunnenkresse
Von einem Bündel Kresse die groben Stengel entfernen. Die Blätter und feinen Stengel hacken und zu 350 ml selbstgemachter (s. Seite 19) oder fertig gekaufter Mayonnaise dazugeben.

Sahne-Mayonnaise
75 ml Schlagsahne oder Crème double steif schlagen und zu 350 ml selbstgemachter (s. Seite 19) oder fertig gekaufter Mayonnaise geben. Vorsichtig unterheben.

Meerrettich-Mayonnaise
1-2 Eßlöffel Zitronensaft und 2 Eßlöffel frisch geriebenen Meerrettich mit 350 ml selbstgemachter (s. Seite 19) oder fertig gekaufter Mayonnaise verrühren.

Kräuter-Mayonnaise
6 Eßlöffel gehackte Kräuter mit 350 ml selbstgemachter (s. Seite 19) oder fertig gekaufter Mayonnaise verrühren.

Mayonnaise mit Kapern
4 Teelöffel gehackte Kapern und 1 Teelöffel Estragonessig mit 350 ml selbstgemachter (s. Seite 19) oder fertig gekaufter Mayonnaise verrühren.

Sauce Verte

ERGIBT ETWA 350 ML

Ein beliebtes Dressing für kalte Sommergerichte mit Fisch – besonders Lachs – oder Geflügel, aber auch zu hartgekochten Eiern, vielen kalten gekochten Gemüsen oder Geflügel-Ei-Sandwiches.

ZUTATEN

115 g gemischte Kräuter und Blattgemüse (z. B. Sauerampfer, Kresse, Spinat)	350 ml selbstgemachte Mayonnaise (s. Seite 19)

ZUBEREITUNG

Kräuter und Blattgemüse in einen Topf mit kochendem Wasser geben und 30 Sekunden blanchieren. In ein Sieb geben und mit kaltem Wasser abspülen. Gut abtropfen lassen und mit Küchenkrepp trocken tupfen. Kräuter und Blätter fein hacken oder in einem Mixer pürieren und mit der Mayonnaise verrühren. Abdecken und kühl stellen.

Mayonnaise mit gegrillten Chilischoten und Szechuanpfeffer

ERGIBT ETWA 325 ML

Dieses Dressing – es ist flüssiger als herkömmliche Mayonnaise – verleiht jeder Salatsorte einen Hauch von Orient.

ZUTATEN

115 g frische rote Chilischoten 2 Eigelbe (s. Seite 8) 1 dicke Knoblauchzehe Salz 2 EL Orangensaft	225 ml mildes Olivenöl (oder 115 ml Olivenöl und 115 ml Erdnußöl) einige geröstete Szechuanpfeffer-Körner (siehe S. 50)

ZUBEREITUNG

Backofen vorheizen. Chilischoten im Backofen grillen, bis die Chilihaut aufspringt und Blasen bildet. Abkühlen lassen und die Haut abschälen. Chilischoten halbieren und die Kerne entfernen.

Nun Chilischoten, Eigelbe, Knoblauch, Salz und Orangensaft in einen Mixer geben und kurz pürieren. Öl in feinem Strahl bei laufendem Mixer hinzufügen. Die Mayonnaise mit dem Szechuanpfeffer abschmecken.

Mayonnaise mit gegrilltem Knoblauch

ERGIBT ETWA 350 ML

Im Vergleich zu frischem Knoblauch hat gegrillter Knoblauch einen wesentlich milderen und herrlich rauchigen Geschmack, der auch der Mayonnaise ein ausgezeichnetes Aroma gibt. Alternative: 2 pürierte Sardellenfilets zu den Eigelben hinzufügen.

ZUTATEN

- 2 ungeschälte Knoblauchknollen
- 2 Zweige Thymian oder Rosmarin
- 2 EL Olivenöl
- 2 Eigelbe (s. Seite 8)
- 2-3 TL Zitronensaft
- 300 ml natives Olivenöl
- Salz und frisch gemahlener Pfeffer

ZUBEREITUNG

Den Backofen auf 180 °C (Gas Stufe 3) vorheizen. Die Knoblauchknollen jeweils auf ein Stück Pergamentpapier setzen, je einen Zweig Thymian oder Rosmarin hinzufügen und mit je einem Eßlöffel Olivenöl beträufeln. Die Knoblauchknollen vorsichtig in Pergamentpapier einschlagen. Die Enden der Rollen gut verschließen. Die eingewickelten Knollen auf einem Backblech in den Ofen schieben und 30-40 Minuten backen.

Knoblauch leicht abkühlen lassen und das Knoblauchmark aus den Häuten der Knoblauchzehen in eine kleine Schüssel pressen. Eigelbe und 1 Teelöffel Zitronensaft hinzufügen und schaumig rühren.

Unter ständigem Rühren die Hälfte des Olivenöls tropfenweise dazugeben, dann 1 Teelöffel Zitronensaft. Anschließend das restliche Öl ebenfalls unter ständigem Rühren in einem feinen Strahl dazufließen lassen. Die Mayonnaise mit den Gewürzen abschmecken und, falls nötig, noch etwas Zitronensaft hinzufügen.

Safran-Mayonnaise

ERGIBT ETWA 350 ML

Safran ist zwar nicht billig, aber wenige Safranfäden reichen aus, eine exquisite Mayonnaise zu kredenzen, die jeden Salat zu einem Festmahl macht – vor allem Meeresfrüchtesalate. Wenn Sie Mayonnaise aus dem Glas verwenden, 1 Eßlöffel Zitronensaft hinzufügen und den Safran wie im Rezept angegeben zubereiten. Verfeinert mit Safran schmeckt sie besonders gut zu Knoblauchmayonnaise aus dem Glas.

ZUTATEN

2 EL Weißweinessig

eine Messerspitze Safranfäden

2 Eigelbe (s. Seite 8)

1 Knoblauchzehe

Salz und frisch gemahlener Pfeffer

300 ml Olivenöl

ZUBEREITUNG

Den Essig in einen Topf geben und zwei Minuten kochen lassen. Die Safranfäden hinzufügen, den Topf von der Herdplatte nehmen und die Safran-Essig-Mischung 5 Minuten durchziehen lassen.

Die Eigelbe, die Safran-Essig-Mischung, den Knoblauch und eine Prise Salz in den Mixer geben und pürieren. Bei laufendem Mixer das Öl tropfenweise hinzufügen, bis es gut von der Eigelb-Masse aufgenommen ist. Die Mayonnaise mit Pfeffer abschmecken.

Pikante Koriander-Mayonnaise

ERGIBT ETWA 300 ML

Dieses schmackhafte Dressing ist die köstliche Vollendung eines jeden Riesengarnelen-, Krebs-, Hummer-, Geflügel-, Kartoffel-, Eier- und Avocadosalats und paßt auch als Beilage zu gegrilltem oder gebratenem Lamm, Fisch und zu Fischstäbchen.

ZUTATEN

1 Ei (s. Seite 8)

1 kleine Knoblauchzehe

½ TL Senfpulver

Salz und frisch gemahlener schwarzer Pfeffer

175 ml mildes Olivenöl

4 kleine Cornichons, fein gehackt

1 ½ EL kleine Kapern

1 EL gehackter Koriander

2 TL Limonensaft

ZUBEREITUNG

Ei, Knoblauch und Gewürze in einen Mixer geben und kurz durchpürieren. Bei laufendem Mixer das Öl tropfenweise dazugeben. Die Mayonnaise in eine Schüssel füllen und mit den restlichen Zutaten vermengen.

Ingwer-Mayonnaise mit Frühlingszwiebeln

ERGIBT ETWA 300 ML

Für den Ingwersaft im Rezept ein Stück geschälten Ingwer durch die Knoblauchpresse drücken. Reichen Sie die Mayonnaise zu Geflügel, Schweinefleisch, Fisch, Meeresfrüchten oder Gemüsesalaten.

ZUTATEN

2 Eigelbe (s. Seite 8)	115 ml Erdnußöl
Salz	2 EL gehackte Frühlingszwiebeln
½–1 TL Ingwersaft	frisch gemahlener schwarzer Pfeffer
115 ml Olivenöl	

ZUBEREITUNG

Eigelbe, Salz und ½ Teelöffel Ingwersaft in einen Mixer geben und gründlich verrühren. Beide Ölsorten tropfenweise hinzufügen (Mixer dabei nicht ausschalten). Die Frühlingszwiebeln am Ende hinzufügen, so daß sie fein zerkleinert, aber nicht püriert werden.

Die Mayonnaise mit schwarzem Pfeffer und – falls nötig – mit Ingwersaft abschmecken.

Sesam-Knoblauch-Mayonnaise

ERGIBT ETWA 325 ML

Reisessig macht diese Salatsauce zu einem sehr milden Dressing, so daß sich die Fühlingszwiebeln, der geröstete Sesam und der Knoblauch (Menge nach Belieben) ihr Aroma frei entfalten können. Den Sesam in einer kleinen schweren Bratpfanne trocken rösten, das heißt leicht erhitzen, bis die Körner hellbraun sind und anfangen zu duften.

ZUTATEN

- 2 Eigelbe (s. Seite 8)
- 2 Knoblauchzehen
- Salz
- 2 TL weißer Reisessig
- 225 ml mildes Olivenöl (oder 115 ml Olivenöl und 115 ml Erdnußöl)
- 4 EL gehackte Frühlingszwiebeln
- 1 EL geröstete Sesamkörner
- frisch gemahlener schwarzer Pfeffer

ZUBEREITUNG

Eigelbe, Knoblauch, Salz und Essig in einen Mixer geben und kurz pürieren. Bei laufendem Mixer tropfenweise das Olivenöl dazugeben. Zum Schluß die Frühlingszwiebeln hinzufügen.

Die Mayonnaise in eine Schüssel füllen, Sesam unterheben. Mit schwarzem Pfeffer abschmecken.

Curry-Mayonnaise

ERGIBT ETWA 225 ML

Bestens geeignet für Geflügel-, Schinken-, Eier- und Kartoffelsalate. Verfeinert auch übriggebliebenen Putenbraten und Geflügel, oder Schinken- bzw. Ei-Sandwiches.

ZUTATEN

- 6 EL fertig gekaufte oder selbstgemachte Mayonnaise (s. Seite 19)
- 6 EL Crème double (extrafette Sahne)
- 1 TL Currypaste (in asiatischen Lebensmittelgeschäften erhältlich)
- 1 TL Schalotte oder rote Zwiebel, fein gehackt
- Saft von ½ Zitrone
- 1 EL Mango-Chutney
- Salz und frisch gemahlener schwarzer Pfeffer

ZUBEREITUNG

Alle Zutaten in eine Schüssel geben und verrühren. Abdecken und 30 Minuten ruhen lassen.

LINKS *Sesam-Knoblauch-Mayonnaise*

6

SALATSAUCEN MIT JOGHURT, KÄSE UND SAHNE

Joghurt, Sahne und Käse unterscheiden sich sehr in Geschmack, Konsistenz und Fettgehalt. Mit ihnen lassen sich Dressings vom Aroma oder von der Konsistenz her spielend leicht variieren. Joghurt reduziert den Fettgehalt und damit Kalorien sowie Cholesterin in Salatsaucen und Mayonnaisen. Sahne hingegen macht Salatdressings zwar gehaltvoller, doch wenn Sie Öl durch Sahne ersetzen, sparen Sie Kalorien.

Für ein sämiges und gleichzeitig gehaltvolles Dressing empfiehlt es sich, Sahne, Quark oder Ricotta-Käse als Grundlage zu verwenden. Wer die Sauce für den Salat etwas pikanter mag, für den ist Blauschimmelkäse genau das Richtige.

Für Vegetarier oder Menschen, die Milchprodukte vermeiden möchten, gibt es am Ende dieses Kapitels eine Mayonnaise aus Tofu.

Joghurt-Vinaigrette

ERGIBT ETWA 350 ML

Dieses Dressing ist eine leichte Alternative zur herkömmlichen Vinaigrette. Sie ist sehr frisch im Geschmack und kann daher ebenso verwendet werden. Je nach Salatsorte läßt sich das Olivenöl durch Walnuß- oder Haselnußöl ersetzen.

ZUTATEN

6 EL Joghurt	evtl. ca. 2 EL Wasser
2 EL Sherryessig	eine Prise Zucker
4 EL Olivenöl	Salz und frisch gemahlener weißer oder schwarzer Pfeffer
2 TL *Dijon*-Senf	

ZUBEREITUNG

Joghurt, Essig, Öl und Senf in eine Schüssel geben und miteinander verrühren. Wenn die Vinaigrette zu dickflüssig ist, da Joghurt von sehr unterschiedlicher Festigkeit sein kann, mit etwas Wasser verdünnen. Die Sauce mit Zucker, Salz und Pfeffer abschmecken.

Joghurt-Salatdressing

ERGIBT ETWA 325 ML

Dieses leichte und erfrischende Dressing gibt grünen Salaten den richtigen Pfiff. Variation: 25 g gehackte Kräuter, wie zum Beispiel Schnittlauch, oder eine Kräutermischung hinzufügen. Empfehlung: Dieses Dressing erst kurz vor dem Servieren vorbereiten, da sich sonst der Joghurt mit der Sahne verbindet und zu fest wird.

ZUTATEN

150 ml Naturjoghurt	eine Prise Zucker
150 ml Crème double (extrafette Sahne)	Salz und frisch gemahlener weißer oder schwarzer Pfeffer
Saft einer Zitrone	

ZUBEREITUNG

Den Joghurt, die Sahne und den Zitronensaft in eine Schüssel geben und miteinander verrühren. Mit Zucker, Salz und Pfeffer abschmecken.

Senf-Joghurt-Dressing

ERGIBT ETWA 300 ML

Leicht, aber würzig: Diese Salatsauce macht Spinat-, Kartoffel- oder Gemüsesalate zum Hochgenuß.

ZUTATEN

225 ml Naturjoghurt
1 EL fein gehackte Frühlingszwiebel

1 EL *Dijon*-Senf
1 EL gehackte Petersilie oder Schnittlauch
Salz und Pfeffer

ZUBEREITUNG

Alle Zutaten in eine Schüssel geben und gut miteinander verrühren. Vor dem Servieren abdecken und kalt stellen.

Joghurt-Orangen-Dressing

ERGIBT ETWA 300 ML

Garniert mit frischer Minze krönt dieses Dressing Obstsalate, die als Vorspeise serviert werden, wie zum Beispiel Salate mit Orangen und Melonen.

ZUTATEN

3 EL Orangensaft
1 EL Honig
225 ml fester Naturjoghurt

Salz und frisch gemahlener weißer Pfeffer

ZUBEREITUNG

Orangensaft unter den Honig rühren. Orangen-Honig-Masse zum Joghurt geben und ebenfalls verrühren. Mit Salz und Pfeffer abschmecken, abdecken und kalt stellen.

Joghurt-Tahin-Dressing

ERGIBT ETWA 200 ML

Im Nahen Osten gibt es verschiedene Versionen dieses Dressings. Manchmal wird der gemahlene Kreuzkümmel weggelassen, oder als Ergänzung werden Koriander oder Paprika hinzugefügt. Diese Sauce macht aus Eiersalaten, Krautsalaten, warmen neuen Kartoffeln oder Aufschnitt eine Köstlichkeit.

ZUTATEN

3-4 TL Zitronensaft	4 EL Tahin (Sesampaste)
6 EL Naturjoghurt	eine Prise Kreuzkümmel
1-2 zerdrückte Knoblauchzehen	Salz und frisch gemahlener schwarzer Pfeffer
6 EL Olivenöl	

ZUBEREITUNG

Den Zitronensaft unter den Joghurt rühren. Knoblauch hinzufügen. Langsam das Öl unterrühren, bis sich die Zutaten gut miteinander vermischt haben.

Tahin unterrühren, den gemahlenen Kreuzkümmel hinzugeben und nach Geschmack abschmecken.

Kräuter-Frischkäse-Dressing

ERGIBT KNAPP 300 ML

Mit Buttermilch verrührter Frischkäse ergibt ein cremiges, aber nicht zu kalorienreiches Dressing, das durch die Kräuter beonders frisch schmeckt. Eignet sich für Salate aus gekochten Gemüsen und Geflügelsalate.

ZUTATEN

115 g Doppelrahm-Frischkäse	4 EL gemischte Kräuter oder 2 EL fein geschnittener Estragon oder Basilikum
150 ml Buttermilch	Salz und frisch gemahlener schwarzer Pfeffer
1-2 TL Zitronensaft	

ZUBEREITUNG

Den Frischkäse in eine Schüssel geben. Unter ständigem Rühren langsam die Buttermilch hinzufügen, bis sie sich gut mit dem Frischkäse vermischt hat. Zitronensaft dazugeben und die Kräuter unterheben. Nach Geschmack abschmecken und kalt servieren.

Warmes Zitronencreme-Dressing mit Minze

ERGIBT ETWA 175 ML

Wenn Sie ein kaltes Dressing vorziehen: einfach alle Zutaten miteinander verrühren. Diese Sauce ist die ideale Krönung für feine Erbsen, Zuckerschoten, junge Möhren und Maiskölbchen.

ZUTATEN

- 4 EL Crème fraîche
- fein geriebene Schale und Saft einer halben unbehandelten Zitrone
- 1 EL fein gewiegte Minze
- 75 ml Naturjoghurt
- Salz und frisch gemahlener schwarzer Pfeffer

ZUBEREITUNG

Crème fraîche in einen kleinen Topf geben und langsam erhitzen. Zitronenschale und -saft zusammen mit der Minze unterrühren. Wenn alles erwärmt ist, den Joghurt dazugeben, dabei die Sauce nicht zu heiß werden lassen.

Sahne-Vinaigrette ohne Öl

ERGIBT ETWA 300 ML

Das Dressing gut abkühlen lassen, dann über knackigen Kopfsalat geben. Oder mit kaltem gekochtem Gemüse vermischen. Bereiten Sie diese Sauce erst kurz vor dem Servieren vor, da die Sauce schnell zu dickflüssig wird.

ZUTATEN

- ½ Knoblauchzehe
- Salz und frisch gemahlener weißer oder schwarzer Pfeffer
- 1 hartgekochtes Ei
- ½ TL *Dijon*-Senf
- 2 TL Estragonessig
- 225 ml Sahne
- eine Prise Zucker

ZUBEREITUNG

Den Knoblauch in einen Mörser oder eine Schüssel geben, eine Prise Salz hinzufügen und zu einer Paste verarbeiten.

Eigelbe vom Eiweiß trennen und das Eiweiß zum Garnieren des Salats beiseite stellen. Eigelbe, Senf und Essig in die Schüssel geben und mit dem Knoblauch verrühren. Die Sahne zugeben und das Ganze mit Zucker und Pfeffer abschmecken. Abdecken und kalt stellen.

RECHTS *Warmes Zitronen-Dressing mit Minze*

Leichte Kräutersauce

ERGIBT ETWA 175 ML

Einfach und schnell in der Zubereitung ist dieses Dressing, das sich mit einer Vielzahl von Kräutern kombinieren läßt. Wer es lieber etwas milder mag: Schalotte weglassen. Es paßt zu grünen Salaten, warmem Kartoffelsalat aus neuen Kartoffeln, Gemüsesalaten oder warmen weißen Bohnen.

ZUTATEN

150 ml saure Sahne, griechischer Joghurt oder Naturjoghurt

2 EL gehackte Kräuter

1 TL Schalotte, in feine Ringe geschnitten

Salz und frisch gemahlener weißer oder schwarzer Pfeffer

ZUBEREITUNG

Saure Sahne oder Joghurt, Kräuter und Schalotte in einer Schüssel verrühren. Mit Salz und Pfeffer abschmecken.

Tofu-Mayonnaise

ERGIBT ETWA 175 ML

Dieses köstliche cremige Mayonnaise-Dressing ist besonders bei Vegetariern beliebt. Kräftiger wird es durch Abschmecken mit zerdrücktem Knoblauch, ein paar Kräutern oder einigen Tropfen Chilisauce. In einem luftdichten Behälter mehrere Tage haltbar.

ZUTATEN

115 g Tofu

2 TL Zitronensaft

1 TL *Dijon*-Senf

2 EL Sonnenblumenöl

Salz und frisch gemahlener schwarzer Pfeffer

ZUBEREITUNG

Alle Zutaten in einen Mixer geben und pürieren.

Ricotta-Blauschimmelkäse-Dressing

ERGIBT ETWA 425 ML

Als aromatischer Gegenspieler zum cremigen Ricotta empfiehlt sich ein würziger Käse. Als zusätzliche Würzvarianten bieten sich Knoblauch, Frühlingszwiebeln oder Kräuter wie Petersilie, Rosmarin oder Salbei an. Servieren Sie dieses Dressing zu warmen Nudeln, Kartoffeln, Reis, Butterbohnen, weißen Cannellibohnen, grünem Linsensalat oder zartem Kopfsalat.

ZUTATEN

150 g Ricotta

150 g Gorgonzola oder anderer Blauschimmelkäse, wie zum Beispiel Roquefort oder Stilton

150 g Crème fraîche oder dicker Joghurt

Salz und frisch gemahlener schwarzer Pfeffer

ZUBEREITUNG

Den Ricotta und den Blauschimmelkäse in eine Schüssel bröckeln und mit einer Gabel zerdrücken und vermengen. Langsam die Crème fraîche unterrühren und mit der Gabel vermischen, bis die Sauce glattgerührt ist. Mit etwas Salz und einer ordentlichen Portion schwarzem Pfeffer abschmecken.

Cremige Senf-Vinaigrette

ERGIBT ETWA 125 ML

Estragon und Fenchelsamen verleihen diesem kräftigen Dressing seine Raffinesse, während Crème fraîche den würzigen Geschmack verfeinert und die Vinaigrette cremig macht. Sie paßt gut zu weißen Bohnen und knackigem Blattsalat, Kartoffelsalat, Käsesalaten, Eiern und Rindfleisch.

ZUTATEN

1/4 TL Fenchelsamen
1 TL Estragonblätter
1/2 TL *Dijon*-Senf
1 1/2 EL Sherryessig
Salz
2 EL Crème fraîche oder saure Sahne
6 EL Olivenöl

ZUBEREITUNG

Die Fenchelsamen in eine Schüssel geben und mit dem Ende einer Teigrolle zerdrücken. Den Estragon hinzufügen und ebenfalls leicht zerdrücken. Senf, Essig, Salz und Crème fraîche in die Schüssel geben. Unter ständigem Rühren langsam das Öl hinzuträufeln, bis sich alles gut miteinander vermischt hat.

Cremiges Brunnenkresse-Dressing

ERGIBT ETWA 175 ML

Hier können Sie variieren: Ob Sie ausschließlich Sahne verwenden oder sich für Crème fraîche entscheiden, ist ganz egal. Hauptsache, Sie verwenden mindestens 2 Eßlöffel davon als Grundlage, damit die Salatsauce cremig und nicht zu dünnflüssig wird. Wenn Sie mögen, können Sie auch griechischen Joghurt nehmen, der trotz seines cremigen Geschmacks leicht und nicht zu gehaltvoll ist. Oder saure Sahne. Für Hülsenfrucht-, Reis- oder Kartoffelsalate, kalten Lachs, Huhn, Eier oder für Ei-Sandwiches ist dieses Dressing ideal.

ZUTATEN

ein Kästchen frische Brunnenkresse
150 ml Sahne oder Crème fraîche (pur oder mit Joghurt vermischt), griechischer Joghurt oder saure Sahne
evtl. ein Schuß Zitronensaft (nach Belieben)
Salz und frisch gemahlener weißer oder schwarzer Pfeffer

ZUBEREITUNG

Die Brunnenkresse in einen Topf kochendes Wasser geben und eine Minute blanchieren. Durch ein Sieb gießen und unter kaltem Wasser abspülen. Gut abtropfen lassen und mit Küchenkrepp trocken tupfen.

Die Kresse in einen Mixer geben. die Sahne, die Crème fraîche und/oder den Joghurt bzw. die saure Sahne hinzufügen. Pürieren, bis eine grüne Sauce entstanden ist. Mit Salz und Pfeffer abschmecken.

Joghurt-Quark-Mayonnaise

ERGIBT 150 ML

Diese kalorienarme Mayonnaise schmeckt fast genauso gut wie richtige Mayonnaise und kann diese durchaus ersetzen. Einen zusätzlichen Pfiff bekommt sie, wenn sie mit Knoblauch, Senf, Kräutern, etc. abgeschmeckt wird. Mit etwas Milch läßt sie sich nach Belieben verdünnen.

ZUTATEN

115 g Quark (20 % i. Tr.) oder halbfetten Frischkäse

2 EL Naturjoghurt

2 TL Olivenöl

1/2 TL Weißweinessig

Salz und frisch gemahlener schwarzer Pfeffer

ZUBEREITUNG

Den Quark oder den Frischkäse in eine Schüssel geben. Mit Joghurt, Öl und Essig glattrühren. Mit Salz und Pfeffer abschmecken. Vor dem Servieren kalt stellen.

Saure-Sahne-Meerrettich-Dressing

ERGIBT ETWA 200 ML

Dieses Dressing auf geschnittenen Tomaten oder auf kaltem gekochtem Blumenkohl ergibt einen raffinierten Salat. Schmeckt auch zu kaltem Rinderbraten köstlich.

ZUTATEN

175 ml saure Sahne

4 EL geriebener frischer oder fertig gekaufter Meerrettich

2 TL Zitronensaft oder Weißweinessig

Salz und frisch gemahlener schwarzer Pfeffer

ZUBEREITUNG

Die saure Sahne in eine Schüssel geben. Meerrettich und Zitronensaft bzw. Essig unterrühren. Mit Salz und Pfeffer abschmecken. Abdecken und kalt stellen.

7

SÜSSE DRESSINGS UND MARINADEN

Dressings und Marinaden für Fruchtdesserts sind einfach und schnell in der Zubereitung und machen daraus etwas ganz Besonderes. Manche Rezepte sind Dressing und Marinade in einem (s. Seite 93).

Für süße Dressings werden häufig Gewürze verwendet, die zur jeweiligen Frucht passen oder die Fruchtsüße zur vollen Entfaltung bringen. Wein verleiht vielen Desserts einen Hauch von Festlichkeit. Mit Wein in der Marinade oder im Dressing läßt sich mühelos ein beeindruckendes Dessert kreieren, das gleichzeitig frisch und leicht ist im Gegensatz zu den zahlreichen Traumdessert-Kalorienbomben.

Weißwein-Marinade

ERGIBT ETWA 325 ML

Diese Marinade ist leicht und sommerlich und läßt sich ausgezeichnet mit Orangen, Melonen, Pfirsichen und Ananas kombinieren. Marinade heiß über das Obst gießen und die Früchte darin ziehen lassen, bis die Marinade abgekühlt ist.

ZUTATEN

300 ml vollmundiger trockener Weißwein

50 g Zucker

ein langer Streifen Zitronen- oder Limonenschale (von unbehandelten Früchten)

6 Zitronenmelisseblätter

eine Prise gemahlene Muskatblüte (Macis)

ZUBEREITUNG

Den Wein in einen Topf gießen. Zucker, Zitronen- oder Limonenschale, Zitronenmelisse und Muskatblüte dazugeben und unter ständigem Rühren sanft erhitzen, bis sich der Zucker aufgelöst hat. Zum Kochen bringen und 1 Minute kochen lassen.

Kardamom-Butter-Dressing

ERGIBT ETWA 200 ML

Dieses aromatische Dressing mit einem Schuß Whisky oder Weinbrand und dem Geschmack von guter Butter macht geschältes Obst, Frucht-Spieße und gedünstetes Obst zu einer erlesenen Köstlichkeit. Besonders gut paßt es zu tropischen Früchten wie Ananas, Mangos, Papayas, Bananen oder aber auch zu Birnen.

Eine aparte Variante erhalten Sie, wenn Sie den Kardamom durch 2 ½ Eßlöffel fein gehackten Ingwer ersetzen.

ZUTATEN

115 g Butter, in kleine Stücke geschnitten

zerstoßene Samen von 6 Kardamomkapseln

2 EL Limonen- oder Orangensaft

2 EL Whisky oder Weinbrand

2 EL Puderzucker

ZUBEREITUNG

Die Butter in einem kleinen Topf bei geringer Wärmezufuhr zerlassen. Die restlichen Zutaten unterrühren, bis sie sich gut miteinander vermischt haben.

Erdbeer-Wein-Marinade

ERGIBT ETWA 300 ML

Diese einfache, aber exquisite Marinade ist genau das Richtige, wenn man schnell ein leichtes Dessert aus Birnen, Pflaumen, Pfirsichen, Aprikosen, Kirschen, Litschis oder Mangostanen zaubern will.

ZUTATEN

4 EL Zucker

570 ml milder, trockener Weißwein

4 große reife Erdbeeren

ZUBEREITUNG

Zucker und Wein in einen großen flachen Topf geben und langsam erhitzen. Rühren, bis sich der Zucker aufgelöst hat. Zum Kochen bringen und ohne zu rühren 3-4 Minuten bei geringer Hitze kochen lassen.

Die Erdbeeren hinzufügen und 6-7 Minuten bei kleiner Flamme weiterkochen, bis sie zu einem Sirup eingekocht sind. Den Sirup über die vorbereiteten Früchte gießen und abkühlen lassen. Vor dem Servieren kalt stellen.

Orangen-Zitronen-Honig-Dressing

ERGIBT ETWA 175 ML

Für ein einfaches und leichtes Sommerdessert das Dressing über Melonenkugeln (am besten von verschiedenen Melonensorten) oder -würfel, Orangen- oder Grapefruit-Scheiben, Pfirsiche oder Erdbeeren geben, abdecken und kalt stellen.

ZUTATEN

- 115 ml Orangensaft
- 2 EL Zitronensaft
- ca. 2 EL flüssiger, klarer Honig

ZUBEREITUNG

Orangen- und Zitronensaft in eine Schüssel gießen und mit dem Honig gut verrühren, bis er vom Saft gleichmäßig aufgenommen ist.

Rotwein-Marinade

ERGIBT ETWA 325 ML

Die heiße Marinade über Birnenscheiben, halbierte und entsteinte reife Pflaumen, über Erdbeeren oder halbierte und entsteinte reife Pfirsiche gießen. Wenn die Früchte noch nicht reif genug sind, können sie auch in der Marinade weich gekocht werden.

ZUTATEN

300 ml Rotwein	1 TL gemahlene Gewürzmischung
50 g weicher brauner Zucker	1/4 TL frisch geriebene Muskatnuß
ein langer Streifen Orangenschale (von 1 unbehandelten Orange)	ein Stück (5 cm) Zimtstange
	5 Nelken

ZUBEREITUNG

Den Wein in einen Topf geben. Zucker, Orangenschale und Gewürze hinzugeben. Langsam erhitzen, bis sich der Zucker aufgelöst hat. Zum Kochen bringen und 1 Minute kochen lassen.

Süße Marinade aus Ingwer, Zimt und Reiswein

ERGIBT ETWA 150 ML

Diese Sauce paßt als Marinade oder Dressing besonders zu gegrillten Fruchtspießen. Die Früchte zunächst in der Sauce marinieren, dann mit einer Schaumkelle herausnehmen und grillen. Den Rest der Sauce zum Kochen bringen und so lange kochen, bis sie die Konsistenz von Sirup hat. Die heißen Früchte damit bestreichen. Die Früchte mit gehacktem kandiertem Ingwer dekorieren und mit Limonen- oder Zitronenscheiben servieren.

ZUTATEN

115 ml Reiswein (Sake)	1 EL fein gehackter kandierter Ingwer
2 EL geriebener frischer Ingwer	1/2 Stange Zimt
	eine Prise Zucker

ZUBEREITUNG

Alle Zutaten in einen kleinen Topf geben und zum Kochen bringen. Sofort über die Früchte gießen und abkühlen lassen. Die Früchte mit einer Schaumkelle herausschöpfen. Die Sauce durch ein Sieb in einen kleinen Topf gießen und erhitzen, bis sie zu Sirup eingekocht ist.

Die Früchte im Backofen grillen, bis sie oben leicht gebräunt sind. Den Ingwer auf die Früchte geben und anschließend mit dem Reisweinsirup übergießen.

Würziger Zitrus-Sirup

ERGIBT ETWA 450 ML

Dieser Sirup wird auf Obstsalate geträufelt. Besonders gut schmeckt er zu tropischen Früchten wie Mangos, Papayas, Melonen und Orangen, aber auch zu Birnen und Weintrauben.

ZUTATEN

300 ml Wasser

115 g Zucker

2 lange Streifen Limonen- oder Zitronenschale (von unbehandelten Früchten)

2 lange Streifen Orangenschale (unbehandelt)

½ TL gemahlener Ingwer

1 Zimtstange

Limonen- oder Zitronensaft zum Abschmecken

ZUBEREITUNG

Das Wasser in einen Topf gießen, den Zucker dazugeben und unter ständigem Rühren langsam erhitzen, bis sich der Zucker aufgelöst hat. Die Fruchtschalen, den Ingwer und den Zimt hinzugeben und langsam zum Kochen bringen. Von der Kochstelle nehmen, abdecken und abkühlen lassen. Kalt stellen.

Vor dem Servieren den Sirup durch ein Sieb schütten und mit Limonen- oder Zitronensaft abschmecken.

Ingwer-Dressing

ERGIBT ETWA 350 ML

Ein traumhaftes Dressing für Obstsalate mit tropischen Früchten, wie Litschis, Mangos, Ananas, Papayas, Orangen, Mandarinen, Clementinen, Grapefruits, und auch Birnen.

ZUTATEN

50 g Zucker

150 ml Wasser

150 ml Ingwerwein (im Feinkostgeschäft erhältlich)

2 Stücke fein gehackte Ingwerwurzel in Sirup

fein geriebene Schale und den Saft von 1 ½ Limonen

ZUBEREITUNG

Zucker und Wasser in einen Topf geben und sanft unter ständigem Rühren erhitzen, bis sich der Zucker aufgelöst hat. Zum Kochen bringen und bei geringer Hitze 1 Minute ohne Rühren köcheln lassen. Den Topf vom Herd nehmen, Ingwerwein, gehackten Ingwer und Limonenschale sowie -saft hinzugeben.

Über das vorbereitete Obst gießen und abkühlen lassen. Vor dem Servieren kalt stellen.

8

MARINADEN UND GEWÜRZPASTEN

Marinaden gibt es für jeden Geschmack: mal einfach, mal aufwendig, mal genau dazwischen. Sie können leicht sein und einen Geschmack nur andeuten oder aber auch stark gewürzt mit exotischen Spezereien aus aller Welt.

Für alle Zutaten wie Öl, Kräuter und Gewürze gilt als oberste Priorität, daß sie frisch sind. Schon ein leicht muffiger oder ranziger Geschmack überträgt sich unmittelbar auf die marinierten Speisen und verdirbt ihr Aroma.

Damit die Marinaden kräftiger schmecken, empfiehlt es sich, sie 30 Minuten oder länger stehenzulassen. Sie lassen sich auch auf Vorrat herstellen und in einem luftdichten Behälter im Kühlschrank mehrere Tage aufbewahren.

Kräuter-Marinade

ERGIBT ETWA 150 ML

Diese beliebte Marinade ist vielseitig verwendbar: zu Fleisch, Geflügel, Fisch oder Gemüse. Benutzen Sie ausschließlich aromatisches Olivenöl. Die angegebenen Kräuter lassen sich je nach Jahreszeit und Mariniergut variieren.

ZUTATEN

4 EL Olivenöl

2 EL Zitronen-, Limonensaft oder Weißweinessig

1 zerdrückte und fein gehackte Knoblauchzehe

4 EL gehackte frische Kräuter

frisch gemahlener schwarzer Pfeffer

ZUBEREITUNG

Alle Zutaten miteinander verrühren.

Orangen-Kräuter-Marinade

ERGIBT ETWA 300 ML

Weißwein verleiht dieser Marinade ihren erlesenen Geschmack, den sie an das marinierte Fleisch weitergibt. Besonders gut paßt sie zu Schweinefleisch, Huhn, Ente und Lamm.

ZUTATEN

Saft von 2 Orangen

150 ml trockener Weißwein

3 EL Olivenöl

1 TL gehackter Majoran

1 TL gehackter Thymian

1 TL gehackter Rosmarin

1 zerdrückte Knoblauchzehe

frisch gemahlener schwarzer Pfeffer

ZUBEREITUNG

Alle Zutaten in eine Schüssel geben und miteinander verrühren.

Joghurt-Chili-Marinade

ERGIBT ETWA 175 ML

Vor dem Grillen über geschälte Hummerkrabben gießen. Paßt auch zu Geflügelspießen.

ZUTATEN

115 ml Naturjoghurt
1 fein gehackte Zwiebel
2 Knoblauchzehen
2 entkernte und gehackte frische rote Chilischoten
Saft von 1 Limone
Chilipulver (nach Belieben)
Salz und frisch gemahlener schwarzer Pfeffer

ZUBEREITUNG

Joghurt, Zwiebel, Knoblauch, Chilischoten und Limonensaft in einen Mixer geben und zu einer Paste pürieren. Mit Salz und Pfeffer und nach Belieben auch mit Chilipulver abschmecken.

Marinade für gegrilltes Gemüse

ERGIBT ETWA 175 ML

Das gegrillte Gemüse bei Zimmertemperatur über Nacht in diese Marinade einlegen und dann entweder als Vorspeise zusammen mit Baguette oder als Teil eines Buffets servieren.

ZUTATEN

8 EL Olivenöl

1 EL Sherryessig

1 zerdrückte Knoblauchzehe

1 fein gehackte Schalotte

1 entkernte und fein gehackte frische rote Chilischote

Salz und frisch gemahlener schwarzer Pfeffer

ZUBEREITUNG

Alle Zutaten in eine Schüssel geben und miteinander verrühren.

Souvlaki-Marinade

ERGIBT ETWA 150 ML

Überall in Griechenland gibt es bei Straßenverkäufern, in Cafés und Restaurants schmackhafte Souvlakis zu kaufen. Das sind gegrillte oder am Spieß gebratene Lammfleischstücke, die mit Joghurt übergossen und in aufgeschnittenem Fladenbrot serviert werden.

ZUTATEN

4 Knoblauchzehen

1 Zwiebel

1 EL Cayennepfeffer oder ein paar Tropfen Tabasco-Sauce

1 TL gemahlener Kreuzkümmel

50 ml Olivenöl

frisch gemahlener schwarzer Pfeffer

ZUBEREITUNG

Den Knoblauch und die Zwiebel in einen Mixer geben, die Gewürze und das Öl hinzufügen und zu einem Brei pürieren. Mit schwarzem Pfeffer abschmecken.

RECHTS *Marinade für gegrillte Gemüse*

Mandarinen-Marinade

ERGIBT ETWA 225 ML

Diese süßliche und zugleich würzige Marinade, die ihr Aroma vor allem den Zitrusfrüchten und dem frischem Ingwer verdankt, paßt hervorragend zu Rindfleisch, Lamm, Schweinefleisch, Wild, Ente und Taubenfleisch.

ZUTATEN

- 2 EL Mandarinen- oder Orangenkonfitüre
- 1 EL geriebener frischer Ingwer
- 1 zerdrückte Knoblauchzehe
- 50 ml Weißweinessig
- 50 ml Orangensaft
- 50 ml Zitronensaft
- 115 ml Olivenöl
- frisch gemahlener schwarzer Pfeffer

ZUBEREITUNG

Bis auf das Öl alle Zutaten und Gewürze in einen Topf geben und unter ständigem Rühren erhitzen, bis die Konfitüre flüssig geworden ist. Bei geringer Hitze auf 150 ml einkochen. In eine Schüssel gießen und abkühlen lassen.

Das Öl unterrühren und mit etwas schwarzem Pfeffer abschmecken.

Limonen-Pernod-Marinade

ERGIBT ETWA 225 ML

Das Aroma von Limonen und der Anisgeschmack im Pernod passen ausgezeichnet zusammen, so daß sich diese Marinade besonders für Meeresfrüchte, wie zum Beispiel rohe Hummerkrabben, Jakobsmuscheln, aber auch große Stücke Schellfisch eignet.

ZUTATEN

- 4 EL Pernod
- Saft von 2 Limonen
- 1 gehackte kleine Knoblauchzehe (nach Belieben)
- 75 ml Olivenöl
- 1 TL leicht zerdrückte Fenchelsamen
- 1 ½ EL gehackter Koriander
- frisch gemahlener schwarzer Pfeffer

ZUBEREITUNG

Alle Zutaten in eine Schüssel geben und miteinander verrühren.

Koriander-Limonen-Wermut-Marinade

ERGIBT ETWA 175 ML

Trockene Wermutsorten lassen sich gut mit Gewürz- und Kräutermischungen aromatisieren. Da jeder Wermuthersteller sein persönliches Rezept verwendet, sind Geschmacks- und Qualitätsunterschiede beträchtlich. Wenn Sie die Marinade etwas schärfer mögen, fügen sie 1-2 Tropfen Tabasco-Sauce hinzu.

ZUTATEN

- 3 EL gehackter Koriander
- abgeriebene Schale und Saft von 2 unbehandelten Limonen
- 2 EL trockener weißer Wermut
- 2 zerdrückte Knoblauchzehen
- 50 ml Olivenöl
- evtl. Tabasco-Sauce
- frisch gemahlener schwarzer Pfeffer

ZUBEREITUNG

Alle Zutaten in eine Schüssel geben und miteinander verrühren.

Salmoriglio

ERGIBT ETWA 300 ML

In Sizilien benutzt man Salmoriglio als Marinade für Fisch, der im Ofen oder auf dem Holzkohlengrill - meist am Spieß - gegrillt werden soll. Sizilianer schwören darauf, daß sich Salmoriglio nur mit Meerwasser fachmännisch zubereiten läßt. Falls Sie keines griffbereit haben, tut es auch Meersalz. Salmoriglio läßt sich genauso gut warm zum Fisch servieren.

ZUTATEN

- 1 Knoblauchzehe
- 1 EL fein gehackte Petersilie
- 1 ½ TL gehackter Oregano
- 1 TL gehackter Rosmarin
- 175 ml leicht erwärmtes natives Olivenöl
- 3 EL heißes Wasser
- 4 EL Zitronensaft
- Meersalz und frisch gemahlener schwarzer Pfeffer

ZUBEREITUNG

Den Knoblauch, die Kräuter und eine Prise Salz in einen Mörser oder eine Schüssel geben und mit einem Stößel oder dem Ende einer Teigrolle zu einer Paste zerstoßen.

Das Öl in eine warme Schüssel füllen, mit einer Gabel ständig schlagen und langsam das heiße Wasser sowie den Zitronensaft hinzufügen, bis sich alles gut mit dem Öl vermischt hat. Die Kräuter-Knoblauch-Mischung hinzufügen. Mit schwarzem Pfeffer abschmecken.

Die Schüssel über einem Topf mit heißem Wasser fünf Minuten erwärmen, dabei ab und zu umrühren. Vor dem Servieren abkühlen lassen.

Joghurt-Tomatenmark-Marinade

ERGIBT ETWA 175 ML

Einfach in der Zubereitung, dafür groß in der Wirkung ist diese Marinade für Lachs, Forelle und Huhn. Tip: Wenn Sie es etwas würziger mögen, fügen Sie nach Belieben Kreuzkümmel und Kardamom hinzu.

ZUTATEN

- 150 g Naturjoghurt
- 1 große zerdrückte Knoblauchzehe
- abgeriebene Schale einer unbehandelten Zitrone
- 1 EL Zitronensaft
- 1 EL Tomatenmark
- frisch gemahlener schwarzer Pfeffer

ZUBEREITUNG

Den Joghurt in eine Schüssel geben. Die übrigen Zutaten hinzufügen und gut miteinander verrühren.

LINKS *Salmoriglio*

Orangen-Honig-Marinade

ERGIBT ETWA 450 ML

Eine leicht zuzubereitende Marinade, die es in sich hat: Die Orangen-Honig-Marinade zaubert aus gegrillten Rippchen, Schweinekoteletts und Steaks in Minutenschnelle eine Köstlichkeit.

ZUTATEN

300 ml fertig gekaufter Orangensaft
3 EL klarer Honig
2 EL Zitronensaft
1 EL Sojasauce
3 EL Worcestershire-Sauce

ZUBEREITUNG

Den Orangensaft in einen Topf geben, den Honig hinzufügen und unter ständigem Rühren langsam erhitzen, bis sich der Honig aufgelöst hat.

Vom Herd nehmen, die übrigen Zutaten unterrühren und abkühlen lassen.

Orangen-Ingwer-Marinade

ERGIBT ETWA 400 ML

Sojasauce, Zitronensaft und Ingwer sind es, die dieser Marinade ihre besondere Note geben. Sojasauce bringt das kräftige und vielseitige Aroma des Orangensafts zur Geltung, Zitronensaft macht die Marinade herzhaft, und der frisch geriebene Ingwer gibt ihr einen zusätzlichen Pfiff. Das Zusammenspiel dieser drei Ingredienzen bringt den charakteristischen Geschmack von Huhn, Ente, Truthahn und Schweinefleisch sehr gut zur Geltung.

ZUTATEN

200 ml Orangensaft
4 EL Zitronensaft
1 EL geriebener frischer Ingwer
4 EL helle Sojasauce
1 EL Weißweinessig
4 EL trockener Sherry
1 zerdrückte große Knoblauchzehe
frisch gemahlener schwarzer Pfeffer

ZUBEREITUNG

Alle Zutaten in eine Schüssel geben und kräftig miteinander verrühren.

Marinade mit getrockneten Aprikosen

ERGIBT ETWA 225 ML

Currypulver verleiht dem intensiven Fruchtgeschmack getrockneter Aprikosen einen feinwürzigen Beigeschmack. Zu mariniertem Fleisch wie Lamm, ganzen Hähnchen oder Hähnchenteilen mit Haut, Schweinefleisch oder Ente paßt diese Marinade ausgezeichnet.

ZUTATEN

115 g über Nacht eingeweichte getrocknete Aprikosen

2 EL Olivenöl

1 in Ringe geschnittene große Zwiebel

1 fein gehackte Knoblauchzehe

1 ½ TL Currypulver

1 ½ EL Weißweinessig

1 ½ EL Zitronensaft

eine Prise Cayennepfeffer

1 ½ TL Zucker

frisch gemahlener schwarzer Pfeffer

ZUBEREITUNG

Die Trockenaprikosen in einen kleinen Topf geben und soviel von der Einweichflüssigkeit zugießen, daß die Aprikosen gerade bedeckt sind. Zum Kochen bringen und bei geringer Hitze 15-20 Minuten kochen, bis die Aprikosen weich sind. Leicht abkühlen lassen, in einen Mixer geben und pürieren.

Das Öl in einer Bratpfanne erhitzen, die Zwiebel und den Knoblauch hinzufügen und goldbraun dünsten. Das Currypulver unterrühren und 1 Minute mitbraten. Nun das Aprikosenpüree und die übrigen Zutaten dazugeben und gut unterrühren. Zum Kochen bringen und abkühlen lassen.

Kokosnuß-Marinade

ERGIBT ETWA 225 ML

Diese Marinade im fernöstlichen Stil paßt besonders gut zu festem weißem Fisch wie etwa Seeteufel, aber auch zu Huhn, Truthahn, Schweinefleisch oder Lamm.

ZUTATEN

150 ml kochendes Wasser

75 g Kokossahne

1 EL Limonensaft

1 fein gehackte Schalotte

1 fein gehackte Knoblauchzehe

1 Stengel Zitronengras, im Mörser zerstoßen

zerstoßene Samen von 3 Kardamomkapseln

1 Stück 1,25 cm geriebener Ingwer

½ TL gemahlener Kreuzkümmel

frisch gemahlener schwarzer Pfeffer

ZUBEREITUNG

Das kochende Wasser über die Kokossahne geben und glattrühren. Die übrigen Zutaten unterrühren und abkühlen lassen.

Marinade mit grünem Pfeffer, Senf und Petersilie

ERGIBT ETWA 225 ML

Mit dieser Marinade großzügig eingerieben, werden dicke Lammsteaks und Lammkoteletts zu einem wahren Gedicht.

ZUTATEN

- 1 EL fein gehackter grüner Pfeffer
- 4 EL ganzkörniger Senf
- 3 EL Frühlingszwiebel, weiße und grüne Teile
- 25 g frische Semmelbrösel
- 3 EL gehackte Petersilie
- 1/4 TL Cayennepfeffer
- 1 EL Maiskeimöl

ZUBEREITUNG

Den grünen Pfeffer, Senf, Frühlingszwiebeln, Semmelbrösel, Petersilie und Cayennepfeffer in eine Schüssel geben und kräftig miteinander verrühren. Unter ständigem Rühren das Öl tropfenweise hinzugeben, so daß eine zähflüssige Paste entsteht.

Joghurt-Minze-Marinade

ERGIBT ETWA 115 ML

Der Nahe Osten und England haben eins gemeinsam: In beiden Ländern sind Lamm und Minze untrennbar miteinander verbunden. Bei diesem Rezept ergeben Minze und Joghurt im Zusammenspiel mit Lamm-Spießen, gegrillten Lammkoteletts, Lammsteaks und Lammbraten delikate Köstlichkeiten, die auf der Zunge zergehen. Zu Huhn und Truthahn paßt diese Marinade ebenfalls sehr gut.

ZUTATEN

- 6 EL griechischer Joghurt
- 1 zerdrückte Knoblauchzehe
- 2 EL gehackte Minze
- frisch gemahlener schwarzer Pfeffer

ZUBEREITUNG

Alle Zutaten miteinander verrühren.

Würzige Joghurt-Marinade

ERGIBT ETWA 175 ML

Sie harmoniert geschmacklich mit gegrillten Hähnchenschenkeln, vor allem, wenn sie auf dem Holzkohlengrill zubereitet werden. Vorzüglich eignet sie sich ebenfalls für Fisch oder Lamm.

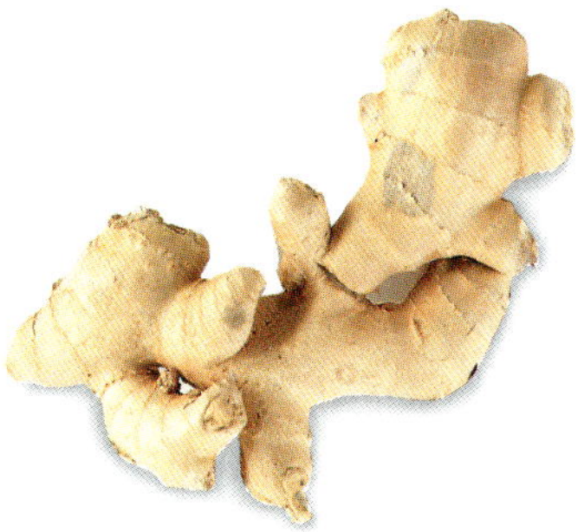

ZUTATEN

- 150 ml Naturjoghurt
- 2 Knoblauchzehen
- 1 EL gehackter frischer Ingwer
- 2 TL Paprikapulver
- 1 EL gemahlener Kreuzkümmel
- ½ TL Chilipulver
- ½ TL gemahlener Kardamom

ZUBEREITUNG

Alle Zutaten in einen Mixer geben und gut pürieren.

Joghurt-Kräuter-Marinade

ERGIBT ETWA 200 ML

Die Kräuter lassen sich je nach Fleisch- oder Geflügelsorte variieren: Dabei passen Thymian, Salbei oder Zitronenmelisse besonders gut zu Huhn; Rosmarin, Estragon, Thymian oder Minze zu Lamm; Rosmarin oder Petersilie zu Rindfleisch und Salbei oder Lorbeer besonders gut zu Schweinefleisch.

ZUTATEN

- 4 EL Olivenöl
- 150 ml Naturjoghurt
- 4 EL gehackte frische Kräuter
- 2 zerdrückte Knoblauchzehen
- frisch gemahlener schwarzer Pfeffer

ZUBEREITUNG

Alle Zutaten in eine Schüssel geben und miteinander verrühren.

OBEN *Würzige Joghurt-Marinade*

Apfel-Zitronen-Ingwer-Marinade

ERGIBT ETWA 175 ML

Dieses herb-fruchtige Dressing veredelt Huhn-, Truthahn-, Ente- oder Schweinefleischgerichte aufs feinste.

ZUTATEN

- 6 EL ungesüßter Apfelsaft
- 3 fein gehackte Zitronenscheiben (unbehandelt)
- 1 Stück frisch geriebener Ingwer (2 cm)
- 1 zerdrückte Knoblauchzehe
- 3 EL trockener Sherry
- 3 EL Sojasauce

ZUBEREITUNG

Alle Zutaten in eine Schüssel geben und miteinander verrühren.

Marinade mit Sherry, Soja, Ingwer, Koriander und Sternanis

ERGIBT ETWA 350 ML

Wer eine Alternative sucht zum üblichen Lamm-, Schweine- oder Rinderbraten, wird sich für die unaufdringlichen, aber vielfältigen Aromen dieser Marinade begeistern, die herkömmlichen Braten in eine Spezialität verwandelt. Auch sehr schmackhaft zu geschmortem Fasan.

ZUTATEN

- 150 ml trockner oder halbtrockener Sherry
- 150 ml Sojasauce
- 1 Stück geriebener frischer Ingwer (2,5 cm)
- 4 zerdrückte Knoblauchzehen
- 2 EL gehackter Koriander
- 2 EL klarer Honig
- 3 Stück leicht zerstoßener Sternanis

ZUBEREITUNG

Alle Zutaten in eine Schüssel geben und miteinander verrühren.

Tandoori-Marinade

ERGIBT ETWA 450 ML

Diese Marinade im authentischen indischen Tandoori-Stil läßt sich gut für abgehäutete Hähnchenteile, Lammgeschnetzeltes, geschälte rohe Hummerkrabben mit Kopf oder Fisch mit festem Fleisch verwenden.

ZUTATEN

- 1 grob gehackte Zwiebel
- 4 große Knoblauchzehen
- 25 g frischer Ingwer
- 4 EL Zitronensaft
- 225 ml Naturjoghurt
- 4 EL Sonnenblumenöl
- 1 EL gemahlene Kurkuma (Gelbwurz)
- 1 EL gemahlener Koriander
- 1 TL gemahlener Kreuzkümmel
- 1/2 TL gemahlener Zimt
- 1/2 TL geriebene Muskatnuß
- 1/2 TL frisch gemahlener schwarzer Pfeffer
- 1/4 TL gemahlene Nelken
- 1/4 TL Chilipulver oder Cayennepfeffer

ZUBEREITUNG

Die Zwiebel, den Knoblauch und den Ingwer in einen Mixer geben und kurz pürieren. Die übrigen Zutaten hinzufügen und glattpürieren.

Thailändische Marinade

ERGIBT ETWA 175 ML

Zutaten, die für die thailändische Küche typisch sind, ergeben hier eine aromatische Marinade, die besonders gegrilltem Thunfisch, Lachs, Schwertfisch, festem weißem Fisch wie Seeteufel und Kabeljau oder Huhn eine aparte Note verleiht.

ZUTATEN

- 2 zerdrückte Knoblauchzehen
- 1 entkernte und fein gehackte frische grüne Chilischote
- 2 EL gehackter Koriander
- 2 EL gehacktes Basilikum
- 2 EL gehackte Minze
- 1 Stück geriebener Ingwer (1,25 cm)
- 50 ml Limonensaft
- 1 EL Fischsauce
- 1 EL Sesamöl
- frisch gemahlener schwarzer Pfeffer

ZUBEREITUNG

Alle Zutaten in eine Schüssel geben. Verrühren, bis sich alles gut miteinander vermischt hat.

Marinade mit Hoisinsauce

ERGIBT ETWA 175 ML

Hoisinsauce ist eine dickflüssige, süßliche und sämige Bohnensauce aus China, die etwas nach Knoblauch schmeckt. Sie ist in gutsortierten Supermärkten oder in asiatischen Lebensmittelgeschäften erhältlich. Eine Marinade aus Hoisinsauce veredelt weniger geschmacksintensive Fleischsorten, wie etwa Hühnerfleisch oder Schweinefleisch aus Massentierhaltung, ohne dabei den Fleischgeschmack völlig zu überdecken.

ZUTATEN

6 EL Hoisinsauce
4 EL Reiswein (Sake)
2 EL Olivenöl
2 TL gehackter Thymian
frisch gemahlener schwarzer Pfeffer

ZUBEREITUNG

Zutaten in eine Schüssel geben. Gut miteinander verrühren.

Würzige Sesamöl-Marinade

ERGIBT ETWA 115 ML

Ob Sie Limonen- oder Zitronensaft verwenden, macht bei diesem Rezept einen Riesenunterschied. Ganz gleich, für welche der beiden Zutaten Sie sich entscheiden: Die Marinade paßt gut zu Schweinefleisch, Huhn, Fisch oder Meeresfrüchten.

ZUTATEN

1 fein gehackte große Knoblauchzehe
2 fein gehackte Frühlingszwiebeln
1 Stück geriebener frischer Ingwer (1,25 cm)
1 EL Sesamöl
2 EL Erdnußöl
2 EL Reiswein (Sake) oder trockener Sherry
1 EL Zitronen- oder Limonensaft

ZUBEREITUNG

Alle Zutaten in eine Schüssel geben. Kräftig miteinander verrühren.

Goldene Escabeche-Marinade

ERGIBT ETWA 350 ML

Der Name „Escabeche" stammt von dem persisch-arabischen Wort „Sikbaj" (Essigeintopf). Diese Art der Zubereitung ist besonders in Spanien und Mexiko bei Fleisch-, Geflügel-, Wild- oder Fischgerichten verbreitet. Das zu marinierende Fleisch wird gekocht und anschließend in einer säurehaltigen Marinade eingelegt, um die Haltbarkeit zu verlängern. Zwar besteht heutzutage angesichts moderner Kühlschränke dafür keine Notwendigkeit mehr, doch schmecken Escabeche-Gerichte so vorzüglich, daß sie weiterhin gerne zubereitet werden. Wir haben für Sie das wohl beste Escabeche-Rezept herausgesucht.

ZUTATEN

- 1 große Prise Safranfäden
- 3 EL milder trockener Weißwein oder heißes Wasser
- 2 EL natives Olivenöl
- 2 in dünne Ringe geschnittene rote Zwiebeln
- 1 ½ TL leicht zerstoßener Kreuzkümmel
- ½ TL geschrotete getrocknete Chilischoten
- 2 in Streifen geschnittene rote Paprika
- abgeriebene Schale und Saft von 1 unbehandelten Orange
- Saft einer Zitrone
- eine Prise Zucker
- Salz und frisch gemahlener schwarzer Pfeffer

ZUBEREITUNG

Die Safranfäden 5 Minuten in Wein oder Wasser einweichen.

Olivenöl in der Pfanne erhitzen. Zwiebeln hinzufügen und 2 Minuten glasig dünsten. Kreuzkümmel und Chilischoten, nach ca. 45 Sekunden roten Paprika einrühren. Unter gelegentlichem Rühren alles gar dünsten. Safranflüssigkeit, Orangenschale, Orangen- und Zitronensaft hinzufügen. Einige Minuten kochen lassen. Anschließend den Zucker hinzufügen. Mit Salz und Pfeffer abschmecken. Auskühlen lassen.

Curry-Marinade

ERGIBT ETWA 200 ML

Mit dieser Marinade können Sie gegrilltem Huhn oder Putenbraten einen Curry-Geschmack verleihen, der das Wasser im Munde zergehen läßt. Ganz nach Belieben läßt sich die Geschmacksintensität über die Menge oder den Schärfegrad des Currypulvers oder des Garam Masala variieren.

ZUTATEN

- 75 ml Weißweinessig
- 115 ml Olivenöl
- 1 zerdrückte Knoblauchzehe
- 1 TL Curry oder Garam Masala
- frisch gemahlener schwarzer Pfeffer

ZUBEREITUNG

Alle Zutaten kräftig miteinander verrühren.

RECHTS *Goldene Escabeche-Marinade*

Safran-Zitronen-Marinade

ERGIBT ETWA 175 ML

Safran und Zitrone verbinden sich zu einer köstlichen Marinade, die ursprünglich aus Italien stammt. Ein heißer Tip für Gerichte mit Zucchini und Hummerkrabben. Probieren Sie dieses Rezept aber auch zu Jakobsmuscheln, festem weißem Fisch oder Hühnerbrust. 2 zusätzliche Eßlöffel gehackte Kapern ergeben eine herrlich pikante Variante.

ZUTATEN

- 1 Prise Safranfäden
- 1 EL heißes Wasser
- 2 fein zerdrückte Knoblauchzehen
- Saft von 1½ Zitronen
- 2 EL Weißweinessig
- 130 ml mildes Olivenöl
- frisch gemahlener schwarzer Pfeffer

ZUBEREITUNG

Die Safranfäden in eine Schüssel geben, heißes Wasser darübergießen und 5 Minuten einweichen lassen. Die übrigen Zutaten hinzufügen und kräftig miteinander verrühren.

Fenchel-Marinade

ERGIBT ETWA 115 ML

Das frische Anis-Aroma des Fenchels entfaltet seine Wirkung besonders gut in Verbindung mit Schweinefleisch, ist aber auch sehr passend zu Kaninchen und Hühnerfleisch.

ZUTATEN

- 1 Knoblauchzehe
- die Samen von 1 Stück Sternanis
- 4 EL gehackte Fenchelblätter
- 2 EL Olivenöl

ZUBEREITUNG

Den Knoblauch und die Sternanissamen in einem Mörser oder einer Schüssel zerstoßen. Die Fenchelblätter hinzufügen und ebenfalls leicht zerstoßen. Anschließend tropfenweise das Öl hinzufügen und die Masse zu einer homogenen Paste verarbeiten.

Satay-Marinade

ERGIBT ETWA 115 ML

In Südostasien sind Satays nicht vom Speiseplan wegzudenken. Kein Wunder also, daß es viele verschiedene Satay-Rezepte, aber auch die dazu passenden Marinaden und Saucen gibt. Eine der besten Satay-Marinaden stellen wir Ihnen hier vor. Sie paßt besonders gut zu Schweinefleisch, Huhn oder Hummerkrabben. Servieren Sie dazu das indonesische Erdnuß-Dressing (s. Seite 50).

ZUTATEN

- 4 EL Kokosnußmilch
- 1 EL feiner brauner Zucker
- 1 fein gehackte Knoblauchzehe
- 2 TL gemahlener Koriander
- 2 TL gemahlener Kreuzkümmel
- 1 TL Kurkuma (Gelbwurz)
- etwas Zitronensaft

ZUBEREITUNG

Alle Zutaten zu einer ziemlich trockenen Paste vermengen. Mit einem Löffel über das zu marinierende Fleisch verteilen und gut einreiben.

Weißwein-Marinade

ERGIBT ETWA 300 ML

Diese Marinade ist leichter als Rotwein-Marinade und gilt als exquisite Verfeinerung von Tauben- und Kaninchengerichten, jungem Rebhuhn, Fasan und Lamm. Wenn Sie eine einfachere Mahlzeit möchten, probieren Sie diese Marinade einmal zu Huhn, Pute und Schweinefleisch.

ZUTATEN

- 2 EL mildes Olivenöl
- 1 fein gehackte Schalotte
- 1 in fein gehackte Karotte
- 2 zerstoßene Wacholderbeeren
- 2 zerstoßene schwarze Pfefferkörner
- 2 Petersilienstengel
- 1 Zweig Sellerieblätter, gehackt
- 1 zerkleinertes Lorbeerblatt
- 1 Zweig Thymian
- 1 Zitronenscheibe (unbehandelt)
- 300 ml milder trockener Weißwein

ZUBEREITUNG

Alle Zutaten in eine Schüssel geben und verrühren. Sollte das Fleisch von der Marinade nicht bedeckt sein, etwas mehr Wein hinzugeben.

Teufels-Marinade

ERGIBT ETWA 175 ML

Wie der Name schon sagt, steckt in dieser Marinade der Teufel: nämlich in Form von scharfen Gewürzen, insbesondere Senf. Mit dieser Marinade eingeriebene Hähnchenportionen mit Haut, Truthahn, Lamm oder Rindfleisch schmecken superscharf.

ZUTATEN

- 4 EL Tomatenketchup
- 1 EL Zitronensaft
- 1 EL Paprikapulver
- 4 TL gemahlener Kreuzkümmel
- 4 TL gemahlene Kurkuma (Gelbwurz)
- 1 EL Senfpulver
- 50 g in Stückchen geschnittene Butter

ZUBEREITUNG

Tomatenketchup und Zitronensaft in eine Schüssel geben. Paprika, Kreuzkümmel, Kurkuma und Senfpulver unterrühren.

Die Butterstückchen in einen kleinen Topf geben und langsam zerlassen. Anschließend die Butter unter die Gewürzmischung geben und glatt rühren.

Mexikanische Marinade

ERGIBT ETWA 150 ML

Diese Marinade ist scharf und leicht würzig. Besonders zu empfehlen ist sie zu Schweinefleisch, aber auch zu Huhn, Pute, Lamm oder Rindfleisch.

ZUTATEN

- 2 fein gepreßte Knoblauchzehen
- 2 entkernte und gehackte frische rote oder grüne Chilischoten
- ¼ TL getrockneter Thymian
- ¼ TL gemahlener Kreuzkümmel
- eine Prise gemahlene Nelken
- 75 ml Weißweinessig
- frisch gemahlener schwarzer Pfeffer

ZUBEREITUNG

Alle Zutaten in eine Schüssel geben und miteinander verrühren.

Gekochte Rotwein-Marinade

ERGIBT ETWA 350 ML

Beim Dünsten in Wein erhalten alle Gemüse-, Gewürz- und Kräuterzutaten dieser Marinade ein intensiveres Aroma, wenn sie vom Wein, der durch das Kochen eine höhere Konzentration erhält, durchdrungen werden. Das Resultat ist eine Marinade, die im Vergleich zu einer ungekochten ein viel abgerundeteres und feineres Aroma hat.

ZUTATEN

50 ml Olivenöl

1 in Würfel geschnittene kleine Zwiebel

2 gehackte Knoblauchzehen

1 in feine Scheiben geschnittene Karotte

400 ml milder Rotwein

1 in Stücke geschnittene Stange Staudensellerie

50 ml Rotweinessig

6 zerstoßene Wacholderbeeren

6 zerstoßene schwarze Pfefferkörner

1 Bouquet garni

ZUBEREITUNG

Die Hälfte des Öls in einem Topf erhitzen. Die Zwiebel, den Knoblauch, die Karotte und den Sellerie hinzufügen und dünsten, bis sie weich, aber noch nicht braun sind. Den Wein, Rotweinessig, die Wacholderbeeren, Pfefferkörner und das Bouquet garni hinzugeben. Zum Kochen bringen und bei schwacher Hitze 15-20 Minuten gar dünsten. Das restliche Öl hinzufügen, abdecken und kalt stellen.

Ungekochte würzige Rotwein-Marinade

ERGIBT ETWA 300 ML

Diese Marinade ist ziemlich süß. Ihr Aroma wird von Rind-, Lamm- und Schweinefleisch besonders gut aufgenommen.

ZUTATEN

- 1 TL Koriandersamen
- 1 TL Kreuzkümmel
- 1–2 zerdrückte Knoblauchzehen
- 1 fein gehackte kleine Zwiebel
- ½ TL geschrotete getrocknete Chilischoten
- 1 EL weicher brauner Zucker
- 5 EL Rotwein
- 115 ml Olivenöl

ZUBEREITUNG

Koriander und Kreuzkümmel in einer kleinen schweren Pfanne unter ständigem Schwenken rösten, bis sie aromatisch duften.

In eine Schüssel geben und die übrigen Zutaten hinzufügen.

Ungekochte Rotwein-Marinade

ERGIBT ETWA 350 ML

Mit Gemüse, Gewürzen und Kräutern gut gewürzt und mit Portwein im Geschmack abgerundet, verfeinert diese Marinade Rindfleisch, Junghasen, Reh, Taube und Fasan zu raffinierten Schlemmergerichten.

ZUTATEN

- 2 EL Olivenöl
- 1 fein gehackte Zwiebel
- 2 zerdrückte Knoblauchzehen
- 2 in feine Scheiben geschnittene Karotten
- 1 in feine Scheiben geschnittene Stange Staudensellerie
- 6 zerstoßene Wacholderbeeren
- 8 zerstoßene schwarze Pfefferkörner
- 2–3 Petersilienstengel
- 2 Zweige Thymian
- 2 zerkleinerte Lorbeerblätter
- 1 Zweig Rosmarin
- 115 ml Portwein
- ca. 225 ml Rotwein (bzw. genügend, um das Fleisch zu bedecken)

ZUBEREITUNG

Alle Zutaten in eine Schüssel geben und miteinander vermengen. Wenn das Fleisch von der Marinade nicht bedeckt ist, noch etwas Rotwein hinzufügen.

Gewürzmischung für Fleisch

ERGIBT ETWA 7 EL

Diese trockene Marinade paßt besonders gut zu Rind-, Schweine- und Lammfleisch.

ZUTATEN

- 1 TL fein gehackter Oregano
- 1 TL zerstoßene Fenchelsamen
- ½ fein gehackte Knoblauchzehe
- 1 EL Paprikapulver
- ½ TL Cayennepfeffer
- frisch gemahlener schwarzer Pfeffer

ZUBEREITUNG

Alle Zutaten in eine Schüssel geben und miteinander vermischen.

Gewürzmischung mit Knoblauch

ERGIBT ETWA 5 EL

Eine hervorragende Wirkung erzielt diese Mischung bei Lamm- und Schweinefleisch. Sie ist aber auch zu Huhn und Truthahn sehr reizvoll.

ZUTATEN

- 1 TL getrockneter Thymian
- 4 fein gehackte Knoblauchzehen
- 1 zerstoßenes Lorbeerblatt
- 6 zerstoßene Pfefferkörner

ZUBEREITUNG

Alle Zutaten in einer Schüssel miteinander vermengen.

Cajun-Gewürzmischung

ERGIBT ETWA 7 EL

Zusätzlich zu den getrockneten Kräutern und dem gemahlenen Kreuzkümmel enthält diese Gewürzmischung Zwiebel und Knoblauch. Bei rotem Fleisch kommt sie besonders gut zur Geltung. Statt getrocknetem Thymian oder Oregano können Sie zur Abwechslung auch getrocknetes Basilikum, Salbei oder Fenchel verwenden.

ZUTATEN

- 1 große Knoblauchzehe
- ½ gehackte kleine Zwiebel
- 1 TL getrockneter Thymian
- ½ TL Senfpulver
- 1 TL getrockneter Oregano
- ½ TL gemahlener Kreuzkümmel
- ½ TL frisch gemahlener Pfeffer

ZUBEREITUNG

Knoblauch und Zwiebel in einem Mörser oder einer Schüssel zerstoßen. Die übrigen Zutaten hinzufügen und verrühren.

Gewürzmischung für Fisch

ERGIBT ETWA 9 EL

Zitrone, Estragon und Basilikum machen aus diesem Rezept eine Gewürzmischung, die sich besonders für Fisch eignet.

ZUTATEN

2 TL abgeriebene Schale einer unbehandelten Zitrone	½ fein gehackte kleine Knoblauchzehe
1 TL fein gehackter getrockneter Estragon	1 EL Paprikapulver
1 TL fein gehacktes getrocknetes Basilikum	½ TL Cayennepfeffer
	frisch gemahlener schwarzer Pfeffer

ZUBEREITUNG

Alle Zutaten in einer Schüssel miteinander vermengen.

Einfache Gewürzmischung

ERGIBT ETWA 3 EL

Diese sehr einfache Gewürzmischung eignet sich besonders zum Einreiben von großen Lachs- oder Thunfischstücken.

ZUTATEN

1 TL Kreuzkümmel

die Samen aus 6 Kardamomkapseln

1 TL Koriandersamen

½ TL schwarze Pfefferkörner

ZUBEREITUNG

Eine kleine Bratpfanne ohne Fett erhitzen, alle Gewürze hinzufügen und unter häufigem Schwenken duftig rösten.

Alle Gewürze in einen Mixer, eine Gewürzmühle, einen Mörser oder eine Schüssel geben. Fein mahlen oder mit einem Stößel bzw. dem Ende einer Teigrolle fein zerstoßen.

Gewürzmischung für Huhn und Truthahn

ERGIBT ETWA 7 EL

Da diese Gewürzmischung viele Kräuter enthält, gibt sie besonders Huhn- und Truthahngerichten den richtigen Pfiff.

ZUTATEN

1 EL fein gehackter getrockneter Estragon

¾ TL fein gehackter getrockneter Majoran

¼ TL fein gehackter getrockneter Thymian

¼ TL fein gehackter getrockneter Salbei

½ fein gehackte Knoblauchzehe

1 EL Paprikapulver

½ TL Cayennepfeffer

frisch gemahlener schwarzer Pfeffer

ZUBEREITUNG

Alle Zutaten in einer Schüssel miteinander vermengen.

REGISTER